새 연세한국어 듣기와 읽기 1-1

연세대학교 한국어학당 편

연세대학교 출판문화원

머리말

연세대학교 한국어학당은 1959년에 설립된 한국 최초의 외국어로서의 한국어 교육 기관이다. 연세대학교 한국어학당은 그간의 역사와 명성에 걸맞게 다양한 한국어 교재 편찬 및 관련 연구를 해옴으로써 한국어 교육을 선도해 왔다. 지금까지 전 세계에서 온 약 150여 개국의 17만여 명에 이르는 한국어 학습자에게 한국어와 한국 문화를 가르쳐 왔으며, 최근에는 빠른 속도로 변화해 가는 교육 환경에 맞추어 오프라인 한국어 교육뿐만 아니라 온라인 한국어 교육 콘텐츠 개발에도 노력을 기울이고 있다. 이미 세계 각국의 한국어 학습자를 대상으로 글로벌 온라인 대중 공개 강좌(MOOC)를 개설하여 학습자들로부터 큰 호응을 얻었고 연세대학교 온라인 교육 혁신 플랫폼인 런어스(LearnUs)에도 최신 기술을 활용한 한국어 콘텐츠를 올려서 학습자들을 만나는 중이다.

연세대학교 한국어학당은 그간 일반 목적 한국어 학습자들뿐만 아니라 특수 목적 한국어 학습자들을 대상으로 정규과정, 단기과정, 대학 한국어 과정 등 다양한 교육과정을 개설 운영하면서 학습자의 요구에 부응하는 최상의 교재를 개발해 왔다. 이러한 교재들은 국내외의 한국어 교육 기관에서 교사와 학습자들의 다양한 요구를 충족시키며 양질의 한국어 교수·학습을 위해 널리 사용되고 있다.

연세대학교 한국어학당은 그간 가장 큰 호응을 받아 왔던 '연세한국어' 1급~6급의 뒤를 이을 새로운 교재로 '새 연세한국어' 시리즈를 기획 출간하게 되었다. 이 교재의 개발을 위해 한국어 교육 현장 경험이 풍부한 전문 한국어 교육학자 및 교사들이 대거 투입되었고 최상의 한국어 교수법 및 학습자 집단의 요구에 대한 이해를 바탕으로 개발 작업이 장기간에 걸쳐 수행되었다.

이번에 출간된 '새 연세한국어' 시리즈는 총 6단계로 각 단계마다 어휘와 문법 교재, 말하기와 쓰기 교재, 듣기와 읽기 교재로 구성되어 있다. '새 연세한국어 어휘와 문법'은 한국어 학습자들이 각 숙달도별로 가장 필수적으로 익혀야 하는 주요 어휘와 문법에 대한 이해와 활용을 중심으로 구성되었다. '새 연세한국어 말하기와 쓰기'는 원활한 한국어 의사소통을 위해 꼭 필요한 표현 기능을 수행할 수 있도록 말하기, 쓰기 과제를 중심으로 구성되었다. 또한 '새 연세한국어 듣기와 읽기'는 듣기, 읽기 과제를 중심으로 각 급별 숙달도에 적절한 이해 능력을 함양시킬 수 있도록 구성되었다. 이 세 권의 교재는 어휘·문법, 표현, 이해 능력의 고른 발달을 위해 패키지로 함께 사용될 수도 있고, 교육 현장 여건이나 학습자의 요구에 따라 별도로 사용될 수도 있다. 또한 어휘와 문법 교재의 경우 별도의 지침서가 무료로 제공되므로 교육 경험이 다소 부족한 국내외의 한국어 교사들에게 유용한 길잡이가 될 수 있을 것이다.

연세대학교 한국어학당은 앞으로도 전 세계의 한국어 학습자들의 요구와 기대에 부응하는 교재 개발을 위해 최선을 다할 것이다. 아울러 본 교재가 국내외에서 한국어 교육을 위해 노력을 아끼지 않는 많은 교사와 한국어 학습을 위해 노력하는 모든 학습자들에게 크게 도움이 되기를 바란다.

연세대학교 언어연구교육원

한국어학당 교재편찬위원회

일러두기

01 이 책은 <새 연세한국어 **어휘와 문법 1**>, <새 연세한국어 **말하기와 쓰기 1**>와 함께 한국어 초급 학습자들을 위한 교재이다.

02 이 책은 한국어 초급 학습자들이 한국어로 된 글과 말을 읽거나 듣고 이해할 수 있는 능력을 키우기 위해 구성된 이해 능력 개발 교재이다.

03 이 책은 총 20과이며, 각 과는 2개 항으로 구성되어 총 40개 항이 있다. 그리고 2개 과마다 복습을 할 수 있도록 복습 10개 항을 구성했다. 각 항은 각각 50분 수업 분량으로 이 책은 총 50개 항으로 구성되어 있다. 교재 첫 부분에 한글을 제시하였고 2개 항마다 한국 문화에 대한 소개가 있다.

04 이 책의 각 항은 '제목, 학습목표, 준비해 봅시다, 읽어 봅시다(들어 봅시다), 들어 봅시다(읽어 봅시다), 따라해 봅시다. 정리해 봅시다'의 5단계로 구성되었다. 이해 교재의 모든 항은 듣기와 읽기의 기능이 통합된 형태로 구성되는데, 단원의 내용과 성격에 따라 듣기 활동과 읽기 활동의 내용의 순서를 달리 하였다.

05 각 과의 제목은 <새 연세한국어 **어휘와 문법 1**>과 동일하나 각 항의 제목은 해당 항의 내용을 대표할 수 있는 개념으로 항의 제목을 설정했다. 또한 제목 옆에 QR코드를 넣어 녹음된 내용을 쉽게 확인할 수 있도록 하였다.

06 학습목표는 '-을 이해할 수 있다', 또는 ' ~ 관련 내용을 이해할 수 있다'와 같이 이해 기능이 드러나도록 기술했다.

07 '준비해 봅시다'는 각 항의 들어가기에 해당되며 해당 단원의 읽기와 듣기 내용의 이해를 돕기 위한 준비 단계이다. 단원 학습 내용과 관련된 필수적인 어휘 학습으로 구성된다. 그러나 단순 어휘 학습이 아니라 이해 교재의 특성이 잘 반영될 수 있도록 문장이나 맥락 안에서 사용된 어휘를 접하도록 하여 학습자들의 이해를 돕고자 하였다.

08 '읽어 봅시다'는 초급 단계의 학습목표에 따라 일상생활에서의 문어 의사소통 능력을 향상시키는 데 초점을 두어 일상생활과 관련된 내용이나 생활문(메모, 간단한 안내문과 설명문)을 읽고 내용을 파악하도록 하는 유형이 많다.

09 '들어 봅시다'는 구어를 통해 실생활에서 활용가능한 의사소통 능력을 배양할 수 있도록 하였다. 듣기 지문의 경우 문장 단위에서 시작하여 대화, 그리고 담화로 듣기 단위를 순차적으로 확대하여 제시하였으며 짧은 것에서 긴 것으로, 쉬운 것에서 어려운 것으로 단계를 구분하여 제시하였다. 특히 세 번째와 네 번째 과제의 경우 두 번째 단계에서 받아쓰기를 구성하여 들은 내용을 정확하게 파악할 수 있도록 하였다. 따라서 이 두 과제의 경우 첫 번째 단계를 학습할 때 두 번째 단계의 내용을 보지 못하게 하도록 지도하는 것이 필요하다.

10 '따라해 봅시다'는 발음 연습을 위한 부분으로 교재의 읽기 지문이나 듣기 지문에 제시된 어휘 중에 음운 변화가 포함되거나 학습자의 오류율이 높은 발음을 단원별로 선정하여 동일한 규칙을 포함한 어휘 2개를 해당 발음이 포함된 본문의 문장과 함께 제시하였다.

11 '정리해 봅시다'는 학습한 내용을 학습자 스스로 확인 및 점검을 하면서 다른 언어 능력과의 통합 교육을 통해 언어 능력을 강화하고자 설정한 부분이다. 이 부분에서는 학습 내용을 말하기, 듣기, 읽기, 쓰기 활동과 통합될 수 있도록 구성하였다.

12 '복습'에서는 선행 학습된 2개 과의 어휘와 문법, 내용을 활용할 수 있도록 읽기와 듣기의 두 부분으로 구성되었다. 각 항에서 배운 내용을 감안하여 듣기나 읽기 중 한 기능에 초점을 두고 다른 한 기능을 연계시켜 통합적인 학습이 가능하도록 유도하였다.

13 '문화'는 복습 항 마지막 부분에 문화 텍스트가 삽화 자료와 함께 제시된다. 문화 항목 중 이해 교재의 특성에 부합하는 내용을 선정하여 정보 문화 중심으로 구성하였다.

14 '한글'은 자모 읽기, 단어 읽기, 문장 읽기, 듣기를 통한 음소 변별을 할 수 있도록 교재 초반에 제시하였다.

15 부록에는 정답과 어휘 색인 목록을 제시하였으며, 별책에 읽기 번역과 듣기 지문 및 번역을 함께 실었다.

단원구성

과	제목	학습목표	표현	문화(복습항)
한글	한글 1	모음과 자음		
	한글 2	모음과 자음		
	한글 3	받침과 읽기 연습		
1과 인사와 소개	1. 인사	이름과 국적을 이해할 수 있다	입니다 은/는[1]	이름
	2. 직업	직업을 이해할 수 있다	입니까? 이/가 아닙니다	
2과 물건	1. 교실 물건	교실 물건 관련 내용을 이해할 수 있다	이, 그, 저 이/가	
	2. 내 물건	개인 물건 관련 내용을 이해할 수 있다	이/가 있습니다(없습니다) 도	
3과 학교	1. 학생회관	위치 관련 내용을 이해할 수 있다	에 있습니다(없습니다) 은/는[2]	친구
	2. 우리 학교	학교 관련 장소를 묘사하는 내용을 이해할 수 있다	과/와(하고) -습니다, -습니까?	
4과 친구	1. 친구	친구를 소개하는 내용을 이해할 수 있다	에서 오다 을/를	
	2. 기숙사 친구	장소와 관련된 행동을 이해할 수 있다	에서 과/와 같이(하고 같이)	
5과 고향	1. 고향	고향을 소개하는 내용을 이해할 수 있다	에 가다 -고 싶다	숫자 세기
	2. 제주도	고향을 묘사하는 내용을 이해할 수 있다	-지 않다 -고[1]	

과	제목	학습목표	표현	문화(복습항)
6과 학교생활	1. 수업 시간	시간과 일정 관련 내용을 이해할 수 있다	에[1] 부터 까지	숫자 세기
	2. 학교생활	숫자와 제안 표현을 이해할 수 있다	-으십시오 -을까요?[1]	
7과 음식	1. 음식	음식 관련 내용을 이해할 수 있다	무슨 ㄹ동사	상차림
	2. 음식 주문	음식을 주문하는 상황을 이해할 수 있다	-을까요?[2] -읍시다	
8과 하루 생활	1. 10월	날짜와 요일 관련 내용을 이해할 수 있다	이에요 -어요	
	2. 하루 생활	하루 일과 관련 내용을 이해할 수 있다	-고[2] ㄷ동사	
9과 주말	1. 주말	주말 활동 관련 내용을 이해할 수 있다	-으러 -지만	등산
	2. 주말 계획	주말 계획 관련 내용을 이해할 수 있다	-을 거예요 ㅂ동사	
10과 지난 일	1. 일기	과거에 한 일을 이해할 수 있다	-었어요 안	
	2. 리타오의 하루	과거에 하지 못한 일을 이해할 수 있다	-지 못하다 -어서[1]	

차례

등장인물 | Main characters

에릭 파커
- 미국
- 어학당 학생
- 한국전자 직원

존 카마우
- 케냐
- 어학당 학생
- 교환학생

사토 유키
- 일본
- 어학당 학생
- 기자

리타오
- 중국
- 어학당 학생
- 대학 입학 예정자

노라 한슨
- 노르웨이
- 어학당 학생
- 대학원 입학 예정자

최주앙
- 브라질
- 어학당 학생
- 대학 휴학생

응웬 흐엉
- 베트남
- 어학당 학생

레오 마르탱
- 프랑스
- 어학당 학생
- 요리사

올리비아 스미스
- 호주
- 어학당 학생
- 외교관

이윤아
- 한국
- 대학생

정하늘
- 한국
- 대학생

김우진
- 한국
- 한국전자 직원

한글 1

Ⅰ. 모음 1

MP3 / 01

아	어	오	우	으	이	애	에	외	위

▪ 읽어 봅시다

아이	아우	이	어이	오이	우애	위

▪ 들어 봅시다

1. 듣고 소리가 같으면 O, 다르면 X 하십시오.

1) 아 ( )	2) 어 ( )	3) 위 ( )
4) 우 ( )	5) 으 ( )	6) 에 ( )

2. 듣고 맞는 것을 고르십시오.

1) ( )	① 아	② 어	③ 오
2) ( )	① 어	② 오	③ 우
3) ( )	① 오	② 우	③ 으
4) ( )	① 우	② 이	③ 위
5) ( )	① 애	② 이	③ 외
6) ( )	① 외	② 왜	③ 위

Ⅱ. 자음 1

MP3 / 02

ㄱ	ㄴ	ㄷ	ㄹ

	ㅏ	ㅓ	ㅗ	ㅜ	ㅡ	ㅣ	ㅐ	ㅔ	ㅚ	ㅟ
ㄱ	가	거	고	구	그	기	개	게	괴	귀
ㄴ	나	너	노	누	느	니	내	네	뇌	뉘
ㄷ	다	더	도	두	드	디	대	데	되	뒤
ㄹ	라	러	로	루	르	리	래	레	뢰	뤼

- **읽어 봅시다**

가구	가게	고기	귀
아기	누나	나이	어느
누구	구두	어디	도구
뒤	거리	나라	다리
도로	아래	노래	위로
그리고	내리다	외우다	개나리

- **들어 봅시다**

1. 듣고 소리가 같으면 O, 다르면 X 하십시오.

1) 노 (　　　)	2) 더 (　　　)	3) 귀 (　　　)
4) 루 (　　　)	5) 디 (　　　)	6) 그 (　　　)

2. 듣고 맞는 것을 고르십시오.

1)	( )	① 가	② 나	③ 다
2)	( )	① 노	② 도	③ 로
3)	( )	① 개	② 대	③ 래
4)	( )	① 누구	② 구두	③ 도구
5)	( )	① 노래	② 가게	③ 아래
6)	( )	① 도로	② 고도	③ 노고

ㅁ	ㅂ	ㅅ	ㅇ	ㅈ

MP3 / 03

	ㅏ	ㅓ	ㅗ	ㅜ	ㅡ	ㅣ	ㅐ	ㅔ	ㅚ	ㅟ
ㅁ	마	머	모	무	므	미	매	메	뫼	뮈
ㅂ	바	버	보	부	브	비	배	베	뵈	뷔
ㅅ	사	서	소	수	스	시	새	세	쇠	쉬
ㅇ	아	어	오	우	으	이	애	에	외	위
ㅈ	자	저	조	주	즈	지	재	제	죄	쥐

읽어 봅시다

머리	어머니	모두	모자
매우	다리미	바지	바다
바보	부모	부르다	비누
배우	아버지	두부	서로
소리	수저	새우	쇠고기
다시	쉬다	지구	쥐

들어 봅시다

3. 듣고 소리가 같으면 O, 다르면 X 하십시오.

1) 미 ( )	2) 보 ( )	3) 스 ( )
4) 쇠 ( )	5) 주 ( )	6) 죄 ( )

4. 듣고 맞는 것을 고르십시오.

1) ( )	① 누	② 무	③ 부
2) ( )	① 귀	② 쉬	③ 쥐
3) ( )	① 가다	② 사다	③ 자다
4) ( )	① 매우	② 배우	③ 새우
5) ( )	① 서리	② 소리	③ 조리
6) ( )	① 아버지	② 어머니	③ 어버이

한글 1

ㅊ	ㅋ	ㅌ	ㅍ	ㅎ

MP3 / 04

	ㅏ	ㅓ	ㅗ	ㅜ	ㅡ	ㅣ	ㅐ	ㅔ	ㅚ	ㅟ
ㅊ	차	처	초	추	츠	치	채	체	최	취
ㅋ	카	커	코	쿠	크	키	캐	케	쾨	퀴
ㅌ	타	터	토	투	트	티	태	테	퇴	튀
ㅍ	파	퍼	포	푸	프	피	패	페	푀	퓌
ㅎ	하	허	호	후	흐	히	해	헤	회	휘

읽어 봅시다

치마	고추	기차	채소
취하다	코	크다	조카
키우다	토지	타자기	투수
태우다	파리	포도	포수
피리	피부	회	하마
허리	호수	후추	오후

들어 봅시다

5. 듣고 소리가 같으면 O, 다르면 X 하십시오.

1) 치 (　　　)	2) 크 (　　　)	3) 퀴 (　　　)
4) 토 (　　　)	5) 퍼 (　　　)	6) 후 (　　　)

6. 듣고 맞는 것을 고르십시오.

1)	(　　)	① 티	② 피	③ 치
2)	(　　)	① 초	② 코	③ 포
3)	(　　)	① 차다	② 타다	③ 하다
4)	(　　)	① 보도	② 포도	③ 호두
5)	(　　)	① 투수	② 포수	③ 호수
6)	(　　)	① 고추	② 부추	③ 후추

한글 2

Ⅰ. 모음 2

MP3 / 05

야	여	요	유	얘	예	와	왜	워	웨	의

▪ 읽어 봅시다

우유	얘기	왜	의사
요가	예의	돼지	회의
유자	시계	여자	희다
야유회	과자	의자	수지의 책

▪ 들어 봅시다

1. 듣고 소리가 같으면 O, 다르면 X 하십시오.

1) 야 ( )	2) 와 ( )	3) 의 ( )
4) 요 ( )	5) 워 ( )	6) 웨 ( )

2. 듣고 맞는 것을 고르십시오.

1) ( )	① 겨	② 교	③ 규
2) ( )	① 효	② 회	③ 희
3) ( )	① 왜	② 의	③ 워
4) ( )	① 여자	② 유자	③ 의자
5) ( )	① 야유	② 여유	③ 이유
6) ( )	① 교수	② 규수	③ 귀수

II. 자음 2

MP3 / 06

ㄲ	ㄸ	ㅃ	ㅆ	ㅉ

가	다	바	사	자
까	따	빠	싸	짜
카	타	파	-	차

▪ 읽어 봅시다

가치/까치	타다/따다	사다/싸다
가다/까다	바르다/빠르다	자다/짜다/차다
다르다/따르다	피다/삐다	지다/찌다/치다

▪ 들어 봅시다

1. 듣고 소리가 같으면 O, 다르면 X 하십시오.

1) 까 ( )	2) 띠 ( )	3) 뽀 ( )
4) 쑤 ( )	5) 쯔 ( )	6) 싸 ( )

2. 듣고 맞는 것을 고르십시오.

1) ( )	① 다	② 타	③ 따
2) ( )	① 시	② 씨	③ 치
3) ( )	① 자다	② 차다	③ 짜다
4) ( )	① 비다	② 피다	③ 삐다
5) ( )	① 기다	② 끼다	③ 키다
6) ( )	① 떼다	② 뛰다	③ 튀다

한글 3

받침

MP3 / 07

받침 자음	소리
ㄱ ㄲ ㅋ	[ㄱ]
ㄴ	[ㄴ]
ㄷ ㅅ ㅆ ㅈ ㅊ ㅌ ㅎ	[ㄷ]
ㄹ	[ㄹ]
ㅁ	[ㅁ]
ㅂ ㅍ	[ㅂ]
ㅇ	[ㅇ]

▪ 읽어 봅시다

연습	① 각, 밖, 부엌, 국, 독, 복, 닦다, 낚시 ② 눈, 언니, 한국, 논, 돈, 문, 분 ③ 듣다, 있다, 밑, 히읗, 곧, 옷, 닻, 솥, 낫, 낮, 낯 ④ 쌀, 가을, 딸기, 길, 실, 말, 글, 잘, 별 ⑤ 봄, 김치, 남산, 감, 담, 밤, 솜, 금, 김 ⑥ 밥, 입, 집, 답, 법, 삽, 숲, 앞, 무릎, 덮밥 ⑦ 강, 종이, 공항, 방, 상, 종, 공, 콩, 통

들어 봅시다

1. 듣고 소리가 같으면 O, 다르면 X 하십시오.

1) 김 (　　)	2) 길 (　　)	3) 빵 (　　)
4) 선물 (　　)	5) 공항 (　　)	6) 감독 (　　)

2. 듣고 맞는 것을 고르십시오.

1) (　　)	① 간	② 감	③ 강
2) (　　)	① 병	② 별	③ 볕
3) (　　)	① 독	② 돈	③ 돕
4) (　　)	① 점	② 접	③ 정
5) (　　)	① 식나	② 싣디	③ 싶다
6) (　　)	① 전신	② 정신	③ 점심

3. 듣고 연결하십시오.

• 짐　　• 공　　• 옥

• 곰　　• 별　　• 집　　• 동

• 돌　　• 곡　　• 병

• 돈　　• 옷

겹받침

겹받침	소리	예	발음
ㄳ	[ㄱ]	몫	[목]
ㄵ	[ㄴ]	앉다	[안따]
ㄶ	[ㄴ]	많다	[만타]
ㄺ	[ㄱ]	읽다	[익따]
ㄻ	[ㅁ]	젊다	[점따]
ㄼ	[ㄹ]/[ㅂ]	여덟/밟다	[여덜/밥따]
ㄽ	[ㄹ]	외곬	[외골/웨골]
ㄾ	[ㄹ]	핥다	[할따]
ㄿ	[ㅂ]	읊다	[읍따]
ㅀ	[ㄹ]	잃다	[일타]
ㅄ	[ㅂ]	없다	[업따]

읽기 연습 1

MP3 / 08

ㄱ	책이, 미국에서, 학원, 목요일, 찍으십시오
ㄴ	천원이에요, 일본으로, 부산에
ㄷ	닫아요, 받은, 닫으세요, 걷어요, 받으십시오
ㄹ	교실에서, 서울은, 월요일, 물이, 놀아요, 설악산
ㅁ	사람이, 금요일, 음악을, 서점에서, 여름에도, 이름을
ㅂ	밥을, 잡으십시오, 집에, 입어요
ㅅ	이것이, 옷을, 씻으세요
ㅇ	은행이, 한강에, 공항이, 풍경은
ㅈ	찾으십시오, 잊어버리십시오, 낮에, 빚이
ㅊ	꽃이, 빛이, 낯이
ㅋ	부엌에서, 동녘이
ㅌ	밑에, 바깥으로, 밭에, 같아요, 같은
ㅍ	앞으로, 옆에, 숲은, 깊이, 갚으세요, 엎어요
ㅎ	히읗이, 놓아요
ㄲ	밖에, 닦으십시오, 깎아요
ㄺ	읽으면, 읽으십시오, 밝은, 맑아요
ㄵ	앉아서, 앉으십시오, 앉아요
ㄻ	삶아서, 삶으십시오, 젊으면, 젊어서
ㄼ	밟아서, 밟으십시오, 밟으니까

읽기 연습 2

MP3 / 09

1	이분이 선생님입니다.
2	김영호 씨는 한국 사람입니다.
3	그곳은 학교가 아닙니다.
4	그 남자는 회사원이 아닙니다.
5	책이 있습니다.
6	친구가 없습니다.
7	책상이 없습니다.
8	라디오가 없습니다.
9	학생이 옵니다.
10	소녀가 웃습니다.
11	꽃이 예쁩니다.
12	자동차가 많습니다.
13	동생이 책을 읽습니다.
14	의사가 약을 줍니다.
15	가족이 일본에 있습니다.
16	연세대학교가 신촌에 있습니다.
17	학생들이 도서관에서 신문을 봅니다.
18	아이가 집에서 숙제를 합니다.

새 연세한국어

듣기와 읽기 1-1

01 1과 인사와 소개

1. 인사

MP3 / 10

• 학습목표: 이름과 국적을 이해할 수 있다.

Ⅰ. 준비해 봅시다

읽고 지도의 빈칸에 맞는 단어의 번호를 쓰십시오.

❶ 한국 ❷ 미국 ❸ 브라질 ❹ 일본 ❺ 호주 ❻ 중국 ❼ 프랑스

Ⅱ. 읽어 봅시다

안녕하십니까?
저는 제임스입니다.
영국 사람입니다.

인사 한국 미국 브라질 일본 중국 호주 프랑스

1 문장을 읽고 관계가 있는 것과 연결하십시오.

1) 저는 제임스입니다. • • ❶

2) 안녕하십니까? • • ❷

3) 영국 사람입니다. • • ❸

2 문장을 읽고 맞으면 O, 틀리면 X 하십시오.

1) 제 이름은 제임스입니다. (　　)

2) 저는 미국 사람입니다. (　　)

3 빈칸에 알맞은 단어를 쓰십시오.

이름 ______________

국적 ______________

안녕하십니까　저[1]　영국　사람　제　이름　국적

III. 들어 봅시다

1 문장을 듣고 알맞은 것과 연결하십시오.

1) • 2) • 3) • 4) •

• • • •

❶  ❷  ❸  ❹ 

2 문장을 듣고 맞는 것에 ✔하십시오.

1) □ 리타오 □ 에릭
□ 중국 □ 미국

2) □ 올리비아 □ 마리아
□ 러시아 □ 호주

3) □ 정하늘 □ 최주앙
□ 한국 □ 미국

4) □ 존 □ 마이클
□ 케냐 □ 캐나다

[3-4] 대화를 듣고 질문에 답하십시오.

3 맞으면 O, 틀리면 X 하십시오.

1) 유키는 일본 사람입니다. (   )
2) 주앙은 러시아 사람입니다. (   )

4 대화를 완성하십시오.

가: 안녕하십니까?
나: ________, 안녕하십니까?
저는 유키입니다. ________ 사람입니다.
가: 저는 최주앙입니다. 브라질 사람입니다.

네 베트남 러시아 케냐 캐나다

[5-6] 대화를 듣고 질문에 답하십시오.

5 빈칸에 알맞은 단어를 쓰십시오.

1)

2)

	1)	2)
이름		
국적		

6 대화를 완성하십시오.

가: 안녕하십니까?

나: 네, ____________

가: 저는 노라입니다.

나: 제 이름은 리타오입니다. ____________

가: 저는 노르웨이 사람입니다.

IV. 따라해 봅시다

- 입니다[임니다]
- 아닙니다[아님니다]
- 저는 제임스입니다.

V. 정리해 봅시다

1. 친구 이름이 무엇입니까?
2. 친구는 어느 나라 사람입니까?

노르웨이

01과 인사와 소개

2. 직업

MP3 / 11

• 학습목표: 직업을 이해할 수 있다.

Ⅰ. 준비해 봅시다

다음을 읽고 알맞은 그림에 ✔하십시오.

1) 간호사입니다.		
	① (　　　)	② (　　　)
2) 배우입니다.		
	① (　　　)	② (　　　)
3) 교수님입니다.		
	① (　　　)	② (　　　)
4) 경찰입니다.		
	① (　　　)	② (　　　)

Ⅱ. 읽어 봅시다

제시카 씨는 제 친구입니다.
미국 사람이 아닙니다.
호주 사람입니다.
기자입니다.

간호사　배우　교수　경찰　씨　친구　기자

1 문장을 읽고 관계 있는 그림과 연결하십시오.

1) 제시카 씨는 제 친구입니다. • • ❶ 

2) 호주 사람입니다. • • ❷ 

3) 기자입니다. • • ❸ 

2 문장을 읽고 맞으면 O, 틀리면 X 하십시오.

1) 제시카 씨는 가수입니다. ( )

2) 제시카 씨는 한국 사람이 아닙니다. ( )

3 빈칸에 알맞은 단어를 쓰십시오.

이름	
국적	
직업	

가수 직업

Ⅲ. 들어 봅시다

1 직업이 무엇입니까? 문장을 듣고 맞는 것에 ✔하십시오.

1) 

❶ (　　)　❷ (　　)

2) 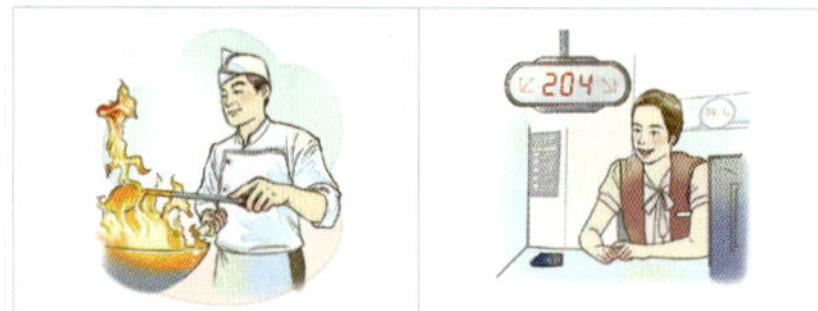

❶ (　　)　❷ (　　)

3) 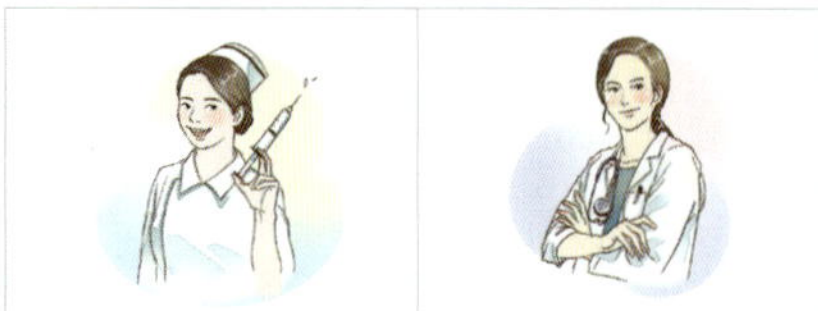

❶ (　　)　❷ (　　)

4) 

❶ (　　)　❷ (　　)

2 대화를 듣고 맞는 것에 ✔하십시오.

1) □ 리타오　□ 리처드

2) □ 영국　□ 독일

3) □ 교수　□ 요리사

4) □ 기자　□ 경찰

[3-4] 대화를 듣고 질문에 답하십시오.

3 맞으면 ○, 틀리면 X 하십시오.

1) 마리아 씨는 러시아 사람입니다. (　　)

2) 마리아 씨는 배우가 아닙니다. (　　)

4 대화를 완성하십시오.

가: 마리아 씨는 영국 사람입니까?

나: 아니요, 저는 ________ 사람입니다.

가: 가수입니까?

나: 아니요, 저는 가수가 아닙니다. ________ 입니다.

무엇　회사원　대학생　은행원　요리사　의사　독일　어느　아니요

[5-6] 대화를 듣고 질문에 답하십시오.

5 질문에 답하십시오.

1) 어느 나라 사람입니까? (　　　)

❶ 영국 사람　❷ 중국 사람　❸ 베트남 사람　❹ 프랑스 사람

2) 직업이 무엇입니까? 쓰십시오.

____

6 대화를 완성하십시오.

가: 안녕하십니까?

나: 네, 안녕하십니까?

가: 리타오 씨는 베트남 사람입니까?

나: 아니요, 저는 ____________ 중국 사람입니다.

가: 회사원입니까?

나: 아니요, 저는 ____________ 학생입니다.

Ⅳ. 따라해 봅시다

- 독일[도길]
- 직업[지겁]
- 독일 사람입니다.

Ⅴ. 정리해 봅시다

1. 직업이 무엇입니까?
2. 친구 직업이 무엇입니까?

02과

물건

1. 교실 물건

MP3 / 12

• 학습목표: 교실 물건 관련 내용을 이해할 수 있다.

Ⅰ. 준비해 봅시다

듣고 맞으면 ○, 틀리면 X 하십시오.

1)	2)	3)	4)
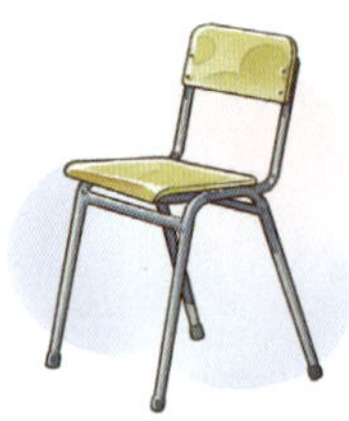			

Ⅱ. 읽어 봅시다

우리 교실입니다.
이것이 제 책상입니다.
저 책상은 선생님 책상입니다.
저것은 한국 지도입니다.

교실 물건 시계 달력 그림 우리 이것 책상 저[2] 저것 지도

1 위 글을 읽고 알맞은 것에 ✔하십시오.

1) (　　)

2) (　　)

3) (　　)

4) (　　)

2 문장을 읽고 맞으면 O, 틀리면 X 하십시오.

1) 이 책상은 제 책상입니다. (　　)
2) 저것은 선생님 책상입니다. (　　)
3) 저것은 한국 지도가 아닙니다. (　　)

3 질문을 읽고 알맞은 대답을 쓰십시오.

1) 이것이 무엇입니까?
_______________입니다.

2) 저 지도가 중국 지도입니까?
아니요, _______________입니다.

Ⅲ. 들어 봅시다

1 문장을 듣고 알맞은 것을 연결하십시오.

1) 2) 3) 4)

①  ②  ③  ④ 

2 대화를 듣고 맞는 것에 ✔하십시오.

1) 

① (   ) ② (   )

2) 

① (   ) ② (   )

3) 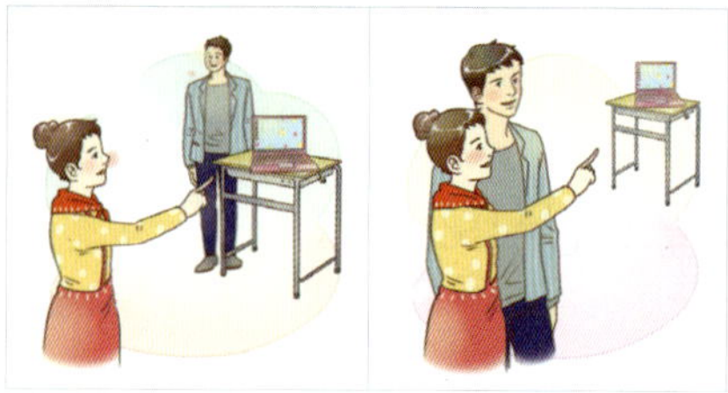

① (   ) ② (   )

4) 

① (   ) ② (   )

[3-4] 대화를 듣고 질문에 답하십시오.

3 맞으면 O, 틀리면 X 하십시오.

1) 이것이 유키 씨 의자입니다. (   )

2) 저 의자가 레오 씨 의자입니다. (   )

지우개 의자 칠판 옷걸이 컴퓨터 그것

4 대화를 완성하십시오.

가: ________ 유키 씨 의자입니까?
나: 아니요, 제 의자가 아닙니다. 레오 씨 의자입니다.
가: 저 의자가 유키 씨 의자입니까?
나: 네, ________ 제 의자입니다.

[5-6] 대화를 듣고 질문에 답하십시오.

5 질문에 답하십시오.

1) 저것이 무엇입니까? (   )

❶ 교실 ❷ 달력 ❸ 지도 ❹ 학교

2) 저 지도가 어느 나라 지도입니까?

저 지도가 ________________

6 대화를 완성하십시오.

가: 유키 씨 교실입니까?
나: 네, 우리 교실입니다.
가: 저것이 딜력입니까?
나: 아니요, ________________ 지도입니다.
가: 저 지도가 한국 지도입니까?
나: ________________

V. 따라해 봅시다

• 이것이[이거시] • 저것이[저거시]
• 이것이 제 책상입니다.

V. 정리해 봅시다

1. 이것이 무엇입니까?
2. 저것이 무엇입니까?

02과 물건

2. 내 물건

MP3 / 13

• 학습목표: 개인 물건 관련 내용을 이해할 수 있다.

Ⅰ. 준비해 봅시다

듣고 맞으면 O, 틀리면 X 하십시오.

1) ( )

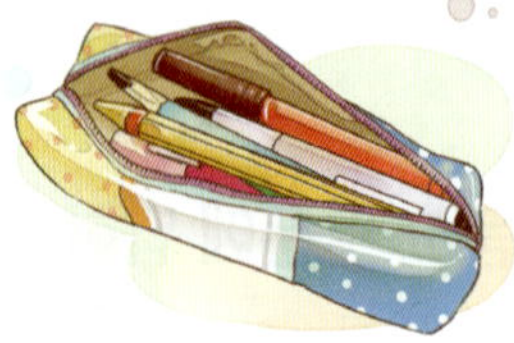

2) ( )

3) ( )

Ⅱ. 읽어 봅시다

이것은 흐엉 씨 가방입니다.
지갑이 있습니다.
휴대 전화도 있습니다.
저것은 유키 씨 가방입니다.
안경이 있습니다.
휴지도 있습니다.

연필 가방 지갑 휴대 전화 휴지 안경 있다

1 알맞은 것을 연결하십시오.

1) 흐엉 •

2) 유키 •

• ❶ 

• ❷ 

• ❸ 

• ❹ 

2 문장을 읽고 맞으면 O, 틀리면 X 하십시오.

1) 흐엉 씨는 휴지가 있습니다. (　　)

2) 유키 씨는 휴대 전화가 없습니다. (　　)

3) 흐엉 씨는 안경이 있습니다. (　　)

3 질문을 읽고 알맞은 대답을 쓰십시오.

1) 흐엉 씨는 무엇이 있습니까? ______, ______이/가 있습니다.

2) 유키 씨는 무엇이 있습니까? ______, ______이/가 있습니다.

III. 들어 봅시다

1 문장을 듣고 알맞은 것을 연결하십시오.

1) 2) 3) 4)

❶ 

❷ 

❸ 

❹ 

2 문장을 듣고 맞는 것을 고르십시오.

1)

❶ (　　) ❷ (　　)

2)

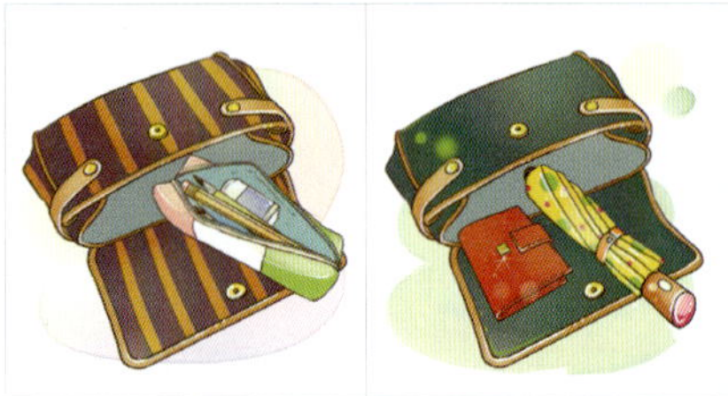

❶ (　　) ❷ (　　)

3)

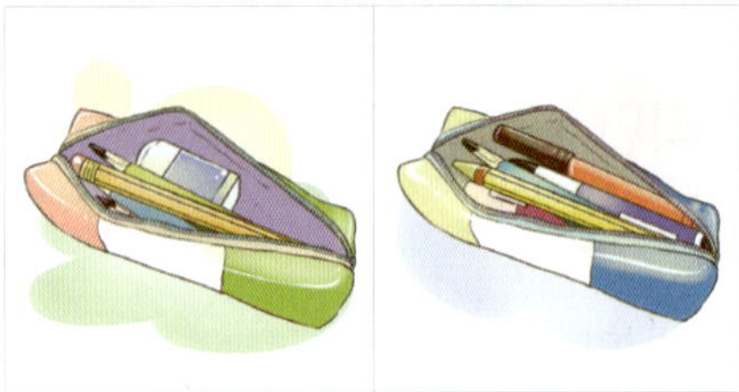

❶ (　　) ❷ (　　)

4)

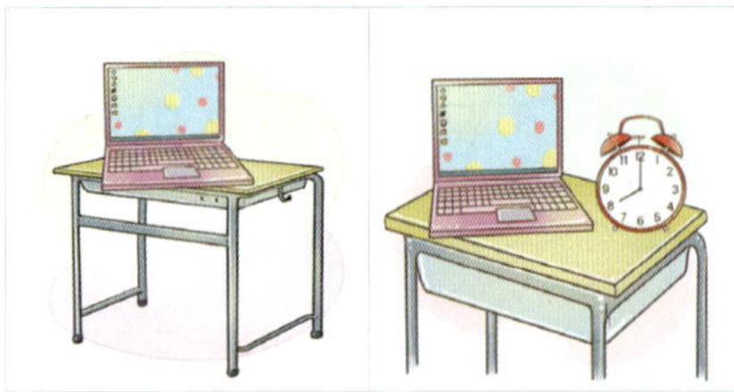

❶ (　　) ❷ (　　)

[3-4] 대화를 듣고 질문에 답하십시오.

3 맞으면 O, 틀리면 X 하십시오.

1) 레오 씨는 컴퓨터가 있습니다. (　　)

2) 레오 씨는 텔레비전이 없습니다. (　　)

돈　볼펜　우산　없다　텔레비전

4 대화를 완성하십시오.

가: 레오 씨, ________ 이/가 있습니까?
나: 네, 컴퓨터가 있습니다.
가: 텔레비전도 있습니까?
나: 아니요, ________

[5-6] 대화를 듣고 질문에 답하십시오.

5 질문에 답하십시오.

1) 올리비아 씨는 무엇이 있습니까? (　　,　　)
   ❶ 우산　❷ 과자　❸ 모자　❹ 주스
2) 올리비아 씨는 무엇이 없습니까?
   ________ 이/가 없습니다.

6 대화를 완성하십시오.

가: 올리비아 씨, 과자가 있습니까?
나: 네, 과자가 있습니다.
가: ________
나: 네, 주스도 있습니다.
가: 물도 있습니까?
나: 아니요, ________

Ⅳ. 따라해 봅시다

- 연필이[연피리]
- 길이[기리]
- 연필이 있습니다.

Ⅴ. 정리해 봅시다

1. 가방에 무엇이 있습니까?
2. 지갑에 무엇이 있습니까?

과자　주스　물　모자

복습

MP3 / 14

1 다음을 읽고 질문에 답하십시오.

안녕하십니까?
제 (가)은/는 리타오입니다.
중국 (나)입니다.
여기는 우리 교실입니다.
우리 교실에 지도가 있습니다.
그림도 있습니다.
이것은 제 책상입니다.
저 (다)은/는 선생님 책상입니다.

1) 무엇에 대한 이야기입니까? (　　)

① 이름　② 교실　③ 책상　④ 지도

2) 이 글의 내용과 같은 것을 고르십시오. (　　)

① 리타오는 한국 사람입니다.
② 리타오는 학생이 아닙니다.
③ 리타오 교실에 책상이 있습니다.
④ 리타오 교실에 그림이 없습니다.

3) 빈 칸에 알맞은 것을 보기 에서 골라 쓰십시오.

보기

사람　이름　책상

가 (　　)　나 (　　)　다 (　　)

여기

2 대화를 듣고 대답하십시오.

1) 리타오 씨는 직업이 무엇입니까? (　　)

① 회사원　② 은행원　③ 학생　④ 선생님

2) 대화의 내용과 같은 그림을 고르십시오. (　　)

①

②

③

④

문화

이름

한국인의 이름은 대부분 세 글자입니다. 보통 한 글자는 성이고 두 글자는 이름입니다. 한글로 이름을 쓸 때 앞에 성을 먼저 쓰고 뒤에 이름을 씁니다. 가끔 성이 두 글자인 경우도 있습니다. 이름의 경우에도 한 글자거나 세 글자인 경우도 있습니다. 한국에는 270여 개의 성이 있는데 그중 '김'이 가장 많고, 다음으로는 '이', '박', '최' 등이 많습니다.

	홍길동	선우재희	박철	김빛나리
성	홍	선우	박	김
이름	길동	재희	철	빛나리

03과 학교

1. 학생회관

MP3 / 15

• 학습목표: 위치 관련 내용을 이해할 수 있다.

Ⅰ. 준비해 봅시다

인형이 어디에 있습니까? 읽고 맞으면 O, 틀리면 X 하십시오.

1) 가방 안에 있습니다.  (　　)

2) 가방 앞에 있습니다.  (　　)

3) 가방 옆에 있습니다.  (　　)

4) 가방 위에 있습니다.  (　　)

Ⅱ. 읽어 봅시다

여기는 학생회관입니다.
도서관이 학생회관 앞에 있습니다.
기숙사는 학생회관 옆에 있습니다.
기숙사 안에 식당이 있습니다.
편의점도 있습니다.

어디　학생회관　인형　안　앞　옆　위　도서관　기숙사　식당　편의점

1 문장을 읽고 관계가 있는 것과 연결하십시오.

1) 도서관이 학생회관 앞에 있습니다. •

2) 기숙사가 학생회관 옆에 있습니다. •

3) 식당이 기숙사 안에 있습니다. •

• ① 

• ② 

• ③ 

2 문장을 읽고 맞으면 ○, 틀리면 X 하십시오.

1) 학생회관 옆에 도서관이 있습니다. ( )

2) 학생회관 앞에 식당이 있습니다. ( )

3) 기숙사 안에 편의점이 없습니다. ( )

3 질문을 읽고 알맞은 대답을 쓰십시오.

1) 기숙사가 어디에 있습니까?

기숙사가 ________에 있습니다.

2) 식당이 어디에 있습니까?

식당이 ________에 있습니다.

III. 들어 봅시다

1 문장을 듣고 맞는 그림의 번호를 고르십시오.

1) (　　　)

①

②

2) (　　　)

①

②

3) (　　　)

①

②

4) (　　　)

①
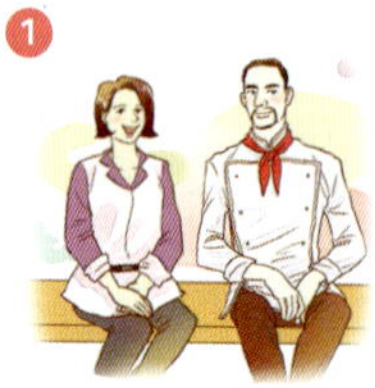

②

2 무엇이 있습니까? 문장을 듣고 맞는 것에 ✔하십시오.

1) ☐ 은행　　☐ 우체국　　　2) ☐ 화장실　　☐ 편의점

3) ☐ 서점　　☐ 문구점　　　4) ☐ 교실　　☐ 사무실

[3-4] 대화를 듣고 질문에 답하십시오.

3 맞으면 O, 틀리면 X 하십시오.

1) 기숙사가 학생회관 위에 있습니다.　　(　　)

2) 서점은 학생회관 앞에 있습니다.　　(　　)

은행　우체국　화장실　서점　문구점　사무실　뒤

4 대화를 완성하십시오.

가: 기숙사가 어디에 있습니까?
나: 학생회관 ______________에 있습니다.
가: 서점은 어디에 있습니까?
나: 학생회관 ______________에 있습니다.

[5-6] 대화를 듣고 질문에 답하십시오.

5 질문에 답하십시오.

1) 교실 안에 무엇이 있습니까? 고르십시오. (　　　,　　　)

① 책상　② 지도　③ 의자　④ 칠판

2) 교실이 어디에 있습니까?

교실이 ______________에 있습니다.

6 대화를 완성하십시오.

가: 에릭 씨, 교실이 어디에 있습니까?
나: ______________에 있습니다.
가: 교실 안에 무엇이 있습니까?
나: 책상이 있습니다. 의자도 있습니다.
가: 지도도 있습니까?
나: 아니요, ______________

Ⅳ. 따라해 봅시다

- 앞에 [아페]
- 옆에 [여페]
- 도서관이 학생회관 앞에 있습니다.

Ⅴ. 정리해 봅시다

1. 학생회관이 어디에 있습니까?
2. 학생회관 안에 무엇이 있습니까?

03과 학교

2. 우리 학교

MP3 / 16

• 학습목표: 학교 관련 장소를 묘사하는 내용을 이해할 수 있다.

Ⅰ. 준비해 봅시다

읽고 알맞은 것에 ✔하십시오.

1) 서점이 작습니다.

❶ (　　　)

❷ (　　　)

2) 가방이 많습니다.

❶ (　　　)

❷ (　　　)

3) 날씨가 덥습니다.

❶ (　　　)

❷ (　　　)

4) 날씨가 나쁩니다.

❶ (　　　)

❷ (　　　)

작다　많다　날씨　덥다　나쁘다

Ⅱ. 읽어 봅시다

우리 학교는 넓습니다. 학생들도 많습니다.
학교에 도서관과 학생회관이 있습니다.
도서관이 아주 조용합니다. 학생회관이 큽니다.
학생회관 안에 가게도 많습니다.

1 알맞은 것을 연결하십시오.

1) 우리 학교에는 학생들이 많습니다. • • ❶ 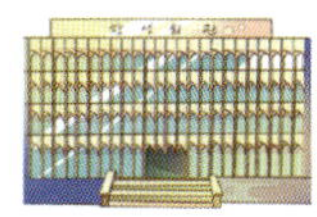

2) 도서관이 조용합니다. • • ❷ 

3) 학생회관이 큽니다. • • ❸ 

2 문장을 읽고 맞으면 O, 틀리면 X 하십시오.

1) 우리 학교는 넓습니다. (　　)
2) 학교에 학생들이 적습니다. (　　)
3) 도서관이 시끄럽습니다. (　　)

3 질문을 읽고 알맞은 대답을 쓰십시오.

1) 학교에 무엇이 있습니까?
______ 과/와 ______ 이/가 있습니다.

2) 학생회관 안에 무엇이 많습니까?
______ 이/가 많습니다.

넓다　아주　조용하다　크다　가게　적다

III. 들어 봅시다

1 문장을 듣고 맞는 것에 ✔하십시오.

1) 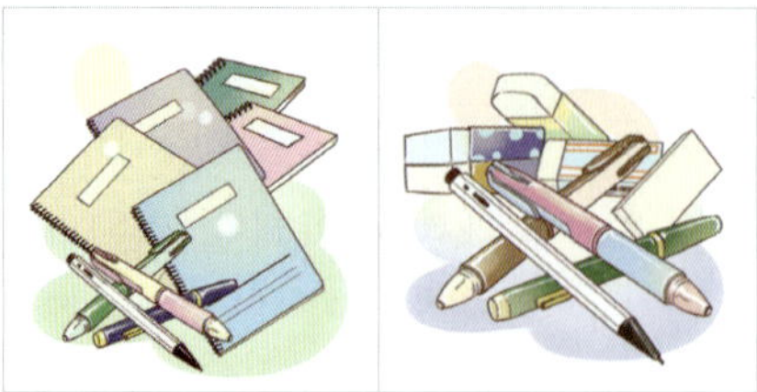

❶ (　　) ❷ (　　)

2) 

❶ (　　) ❷ (　　)

3) 

❶ (　　) ❷ (　　)

4) 

❶ (　　) ❷ (　　)

2 질문을 듣고 맞는 대답을 고르십시오.

1) •　　• ❶ 네, 많습니다.

2) •　　• ❷ 네, 좋습니다.

3) •　　• ❸ 아니요, 큽니다.

4) •　　• ❹ 아니요, 조용합니다.

[3-4] 대화를 듣고 질문에 답하십시오.

3 맞으면 O, 틀리면 X 하십시오.

1) 기숙사 방이 큽니다.　(　　)

2) 방에 옷장이 있습니다.　(　　)

좋다　방　하고　옷장

4 대화를 완성하십시오.

가: 윤아 씨, 기숙사 방이 ________________

나: 아니요, 방이 작습니다.

가: 방에 무엇이 있습니까?

나: ________________ 이/가 있습니다. 옷장도 있습니다.

[5-6] 대화를 듣고 질문에 답하십시오.

5 질문에 답하십시오.

1) 어디에 사람이 많습니까? (　　　)

❶ 사무실　❷ 은행　❸ 편의점　❹ 커피숍

2) 은행은 시끄럽습니까?

아니요, ________________

6 대화를 완성하십시오.

가: 유키 씨, 사무실 근처에 무엇이 있습니까?

나: ________________

가: 커피숍에 사람이 많습니까?

나: 네, 사람이 많습니다. 조금 ________________

가: 은행은 어떻습니까?

나: 은행은 사람이 적습니다. 조용합니다.

V. 따라해 봅시다

- 은행 [은행]
- 학생 [학쌩]
- 은행하고 커피숍이 있습니다.

V. 정리해 봅시다

1. 학교가 어떻습니까?
2. 학교에 무엇이 있습니까?

시끄럽다　근처　커피숍　조금　어떻다

04과 친구

1. 친구

MP3 / 17

• 학습목표: 친구를 소개하는 내용을 이해할 수 있다.

Ⅰ. 준비해 봅시다

듣고 맞으면 O, 틀리면 X 하십시오.

1) ( )

2) ( )

3) ( )

4) ( )

Ⅱ. 읽어 봅시다

이 사람은 제 친구 마이클 씨입니다.
마이클 씨는 대학생입니다.
미국에서 왔습니다.
한국말을 배웁니다.
마이클 씨는 친구가 많습니다.
친구를 자주 만납니다.

책 공책 읽다 보다[1] 쓰다 사다 한국말 배우다 자주 만나다

1 문장을 읽고 알맞은 것에 ✔하십시오.

1) 마이클 씨는 대학생입니다.

❶ (　　) ❷ (　　)

2) 마이클 씨는 미국에서 왔습니다.

❶ (　　) ❷ (　　)

3) 한국말을 배웁니다.

❶ (　　) ❷ (　　)

4) 친구를 자주 만납니다.

❶ (　　) ❷ (　　)

2 문장을 읽고 맞으면 O, 틀리면 X 하십시오.

1) 마이클 씨는 미국 사람입니다. (　　)

2) 마이클 씨는 한국말을 가르칩니다. (　　)

3) 마이클 씨는 친구가 없습니다. (　　)

3 질문을 읽고 알맞은 대답을 쓰십시오.

1) 마이클 씨는 어디에서 왔습니까?

_______________에서 왔습니다.

2) 마이클 씨는 무엇을 배웁니까?

_______________을/를 배웁니다.

가르치다

III. 들어 봅시다

1 문장을 듣고 알맞은 것을 연결하십시오.

1) • • ❶ 

2) • • ❷ 

3) • • ❸ 

4) • • ❹ 

2 대화를 듣고 맞는 것에 ✔하십시오.

1)

❶ (　　) ❷ (　　)

2)

❶ (　　) ❷ (　　)

3)

❶ (　　) ❷ (　　)

4)

❶ (　　) ❷ (　　)

[3-4] 대화를 듣고 질문에 답하십시오.

3 맞으면 O, 틀리면 X 하십시오.

1) 친구 이름이 올리비아입니다. (　　)

2) 레오 씨는 영국에서 왔습니다. (　　)

버스　기다리다　빵　먹다　커피　마시다　누구

4 대화를 완성하십시오.

가: 올리비아 씨, 저 사람이 ____________입니다까?

나: 레오 씨입니다. 제 친구입니다.

가: 레오 씨는 어디에서 ____________

나: 프랑스에서 왔습니다. 요리사입니다.

[5-6] 대화를 듣고 질문에 답하십시오.

5 질문에 답하십시오.

1) 리나 씨는 어디에서 왔습니까? (　　　)

❶ 미국　❷ 중국　❸ 호주　❹ 일본

2) 스미스 씨는 무엇을 가르칩니까?

스미스 씨는 ____________을/를 가르칩니다.

6 대화를 완성하십시오.

가: 안녕하십니까? 스미스 씨.

이 사람은 제 ____________________________

나: 안녕하십니까? 저는 스미스입니다.

다: 안녕하십니까? 저는 리나입니다.

일본에서 왔습니다.

나: ____________________________ 영어 선생님입니다.

Ⅳ. 따라해 봅시다

- 왔습니다[왇씀니다]
- 있습니다[읻씀니다]
- 저는 미국에서 왔습니다.

Ⅴ. 정리해 봅시다

1. 친구가 있습니까?
2. 그 친구는 무엇을 합니까?

영어

04과 친구

2. 기숙사 친구

MP3 / 18

• 학습목표: 장소와 관련된 행동을 이해할 수 있다.

Ⅰ. 준비해 봅시다

읽고 알맞은 것을 연결하십시오.

1) 편의점에서 아르바이트합니다. • • ①

2) 도서관에서 공부합니다. • • ②

3) 피시방에서 게임합니다. • • ③

4) 찜질방에서 이야기합니다. • • ④

아르바이트하다 공부하다 피시방 게임하다 찜질방 이야기하다

II. 읽어 봅시다

제임스 씨 기숙사입니다.
지금 노라 씨는 방에서 공부를 합니다.
마리아 씨는 음악을 듣습니다.
존 씨는 친구와 같이 운동합니다.
제임스 씨는 식당에서 밥을 먹습니다.
리타오 씨는 텔레비전을 봅니다.

1 알맞은 것을 연결하십시오.

1) 제임스 2) 리타오 3) 노라 4) 존 5) 마리아

1

2

3

4

5

2 문장을 읽고 맞으면 O, 틀리면 X 하십시오.

1) 노라 씨는 도서관에서 공부합니다. ( )
2) 리타오 씨는 아르바이트합니다. ( )
3) 제임스 씨는 식당에서 밥을 먹습니다. ( )

3 질문을 읽고 알맞은 대답을 쓰십시오.

1) 노라 씨는 어디에서 공부합니까?
노라 씨는 ________ 공부합니다.
2) 존 씨는 누구와 같이 운동합니까?
존 씨는 ________ 운동합니다.

지금 음악 듣다 운동하다 밥

Ⅲ. 들어 봅시다

1 문장을 듣고 맞으면 ○, 틀리면 X 하십시오.

1) (　　)

2) (　　)

3) (　　)

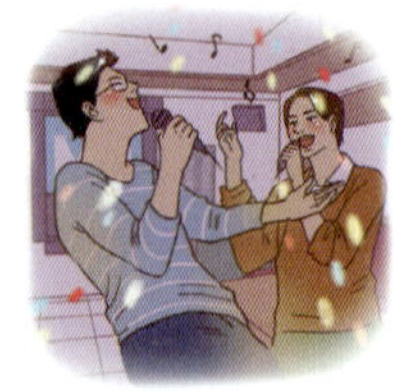

4) (　　)

2 문장을 듣고 맞는 것을 고르십시오.

1)

❶ (　　)

❷ (　　)

2)

❶ (　　)

❷ (　　)

3)

❶ (　　)

❷ (　　)

4)

❶ (　　)

❷ (　　)

[3-4] 대화를 듣고 질문에 답하십시오.

3 맞으면 ○, 틀리면 X 하십시오.

1) 리타오는 커피숍에서 숙제합니다. (　　)

2) 리타오는 혼자 숙제합니다. (　　)

빵집　숙제하다　혼자

4 대화를 완성하십시오.

가: 리타오 씨, ________ 숙제를 합니까?

나: 아니요, 커피숍에서 숙제를 합니다.

가: 누구하고 ________ 숙제합니까?

나: 하늘 씨하고 같이 합니다.

[5-6] 대화를 듣고 질문에 답하십시오.

5 질문에 답하십시오.

1) 유키 씨는 누구와 같이 산책합니까? (　　　)

① 흐엉　② 주앙　③ 노라　④ 레오

2) 공원이 어떻습니까?

공원이 ________

6 대화를 완성하십시오.

가: 유키 씨, ________

나: 공원에서 산책을 합니다.

가: ________ 산책을 합니까?

나: 노라 씨하고 같이 산책을 합니다.

가: 공원이 어떻습니까?

나: 공원이 넓습니다.

Ⅳ. 따라해 봅시다

- 같이[가치]
- 밭이[바치]
- 누구하고 같이 산책을 합니까?

Ⅴ. 정리해 봅시다

1. 어디에서 친구를 만납니까?
2. 친구하고 같이 무엇을 합니까?

공원　산책하다

복습

MP3 / 19

1 대화를 듣고 대답하십시오.

1. **무엇에 대한 이야기입니까? (　　)**

   ① 학교　　② 친구　　③ 식당　　④ 한국말

2. **들은 내용과 같은 것을 고르십시오. (　　)**

   ① 에릭 씨는 미국 사람입니다.
   ② 다니엘 씨는 에릭 씨 친구입니다.
   ③ 다니엘 씨는 에릭 씨와 같이 일합니다.
   ④ 에릭 씨는 회사원이 아닙니다.

3. **에릭 씨는 무엇을 공부합니까? 쓰십시오.**

   ______________을/를 공부합니다.

분　일하다

2 다음을 읽고 질문에 답하십시오.

저는 다니엘입니다.
호주에서 왔습니다.
제 직업은 요리사입니다.
레오 씨와 같이 일합니다.
식당은 이태원에 있습니다.
식당에 사람이 많습니다.

1. **이 글의 내용과 같은 것을 고르십시오. (　　)**
   ① 다니엘 씨는 호주 사람이 아닙니다.
   ② 레오 씨는 다니엘 씨와 같이 일합니다.
   ③ 식당은 신촌에 있습니다.
   ④ 식당에 사람이 적습니다.

2. **다니엘 씨 직업은 무엇입니까? (　　)**
   ① 선생님　② 은행원　③ 회사원　④ 요리사

문화

친구

여러분은 한국 친구가 많습니까? 대부분 외국인은 친해지면 친구라고 생각하지만 한국에서는 많이 친해도 나이가 다르면 친구라고 생각하지 않습니다. 한국 사람들은 나와 나이가 같은 사람을 친구라고 생각합니다. 나보다 나이가 많거나 적으면 친한 언니, 오빠, 형, 누나, 동생이 됩니다. 이렇게 한국에서는 사람을 사귈 때 나이가 중요합니다. 그래서 다른 사람들을 처음 만나면 나이를 묻습니다.

이태원　신촌

05과

고향

1. 고향

MP3 / 20

• 학습목표: 고향을 소개하는 내용을 이해할 수 있다.

Ⅰ. 준비해 봅시다

읽고 맞으면 O, 틀리면 X 하십시오.

1) 산에 갑니다.  (　　)

2) 강에서 수영합니다.  (　　)

3) 가족을 만납니다.  (　　)

4) 고향 음식을 먹습니다.  (　　)

Ⅱ. 읽어 봅시다

여기는 제 고향입니다.
제 고향에 산이 있습니다.
저는 산에 자주 갑니다.
산 옆에 강이 있습니다.
저는 강에서 수영을 합니다.
제 고향은 날씨가 좋습니다.
저는 고향에 가고 싶습니다.

고향　산　강　수영을 하다　가족　음식

1 문장을 읽고 관계가 있는 것과 연결하십시오.

1) 제 고향에 산과 강이 있습니다. • • ❶

2) 저는 강에서 수영을 합니다. • • ❷

3) 제 고향은 날씨가 좋습니다. • • ❸

2 문징을 읽고 맞으면 O, 틀리면 X 하십시오.

1) 제 고향에 강이 있습니다. (   )

2) 저는 바다에서 수영을 합니다. (   )

3) 제 고향 날씨가 좋습니다. (   )

3 질문을 읽고 알맞은 대답을 쓰십시오.

1) 고향에 무엇이 있습니까?

고향에 ______ 과/와 ______ 이/가 있습니다.

2) 이 사람은 어디에 가고 싶어 합니까?

이 사람은 ______ 에 가고 싶어 합니다.

바다

Ⅲ. 들어 봅시다

1 문장을 듣고 알맞은 것과 연결하십시오.

1) 2) 3) 4)

2 문장을 듣고 맞는 것에 ✔하십시오.

1) □ 강 근처 □ 호수 근처
□ 수영 □ 산책

2) □ 산 □ 바다
□ 등산 □ 수영

3) □ 바다 □ 산
□ 등산 □ 수영

4) □ 호수 □ 강
□ 산책 □ 수영

[3-4] 대화를 듣고 질문에 답하십시오.

3 맞으면 O, 틀리면 X 하십시오.

1) 여자는 고향에 갑니다. ( )
2) 남자는 고향 친구를 만나고 싶어 합니다. ( )
3) 여자는 고향 음식을 먹고 싶어 합니다. ( )

4 대화를 완성하십시오.

가: 지금 어디에 갑니까?
나: 저는 ________________에 갑니다.
가: 고향에서 무엇을 하고 싶습니까?
나: 저는 ________________을/를 만나고 싶습니다.
고향 음식도 먹고 싶습니다.

병원 호수 산책 등산 여자 남자

[5-6] 대화를 듣고 질문에 답하십시오.

5 질문에 답하십시오.

1) 타오 씨는 고향에서 누구를 만나고 싶어 합니까? (,   )

❶ 가족 ❷ 한국 친구 ❸ 선생님 ❹ 중국 친구

2) 친구는 고향에서 무엇을 하고 싶어 합니까?

친구는 고향 친구들과 ________

6 대화를 완성하십시오.

가: 타오 씨, 지금 ________

나: 중국 친구와 같이 고향에 갑니다.
제 고향은 중국 베이징입니다.

가: 고향에서 ________

나: 저는 가족을 만나고 싶습니다.
학교 선생님도 만나고 싶습니다.

가: 친구는 무엇을 하고 싶어 합니까?

나: 친구는 고향 친구들과 놀고 싶어 합니다.

Ⅳ. 따라해 봅시다

• 고향[고향] • 수영[수영]
• 저는 고향에 가고 싶습니다.

Ⅴ. 정리해 봅시다

1. 여러분 고향에 산, 강, 바다, 호수 중에서 무엇이 있습니까?
2. 그곳에서 무엇을 하고 싶습니까?

베이징 놀다

05과 고향

2. 제주도

MP3 / 21

• 학습목표: 고향을 묘사하는 내용을 이해할 수 있다.

Ⅰ. 준비해 봅시다

다음을 읽고 알맞은 그림에 ✔하십시오.

1) 경치가 아름답습니다.

① ( )

② ( )

2) 강이 더럽습니다.

① ( )

② ( )

3) 백화점이 복잡합니다.

① ( )

② ( )

4) 회사원이 바쁩니다.

① ( )

② ( )

Ⅱ. 읽어 봅시다

제주도는 제 고향입니다.
제주도에 바다가 있습니다.
바다가 깨끗하고 아름답습니다.
제주도는 공기가 좋고 복잡하지 않습니다.
올레길과 한라산도 있습니다.
고향 사람들이 친절합니다.
저는 제 고향이 아주 좋습니다.

경치　아름답다　더럽다　복잡하다　바쁘다　깨끗하다

1 글을 읽고 관계가 있는 그림과 연결하십시오.

1) 제주도에 바다가 있습니다. • • ❶ 

2) 바다가 깨끗하고 아름답습니다. • • ❷ 

3) 올레길과 한라산이 있습니다. • • ❸ 

2 문장을 읽고 맞으면 O, 틀리면 X 하십시오.

1) 강이 깨끗하고 아름답습니다. ( )
2) 제 고향은 공기가 좋습니다. ( )
3) 제 고향은 복잡합니다. ( )

3 질문을 읽고 알맞은 대답을 쓰십시오.

1) 고향이 어디입니까?
제 고향은 ________ 입니다.

2) 고향 사람들이 어떻습니까?
고향 사람들이 ________

공기 올레길 한라산 친절하다

III. 들어 봅시다

1 문장을 듣고 맞는 것에 ✔하십시오.

1) 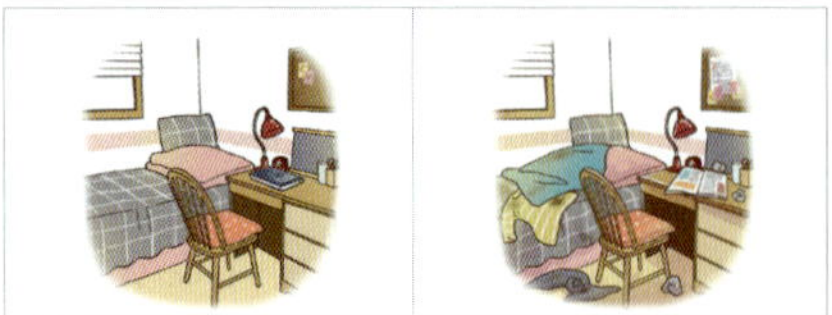

❶ (　　) ❷ (　　)

2) 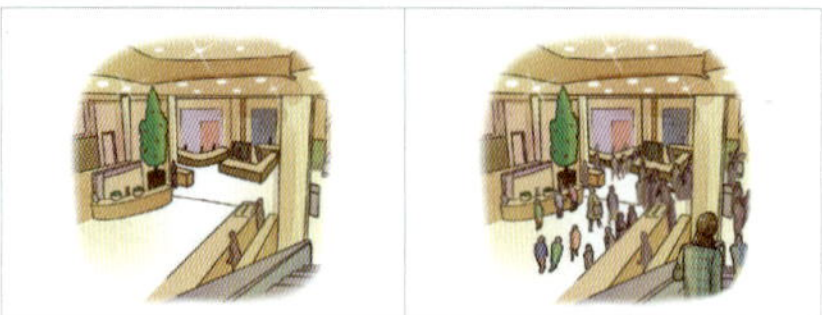

❶ (　　) ❷ (　　)

3) 

❶ (　　) ❷ (　　)

4) 

❶ (　　) ❷ (　　)

2 듣고 맞는 것에 ✔하십시오.

1) □ 복잡하다 □ 깨끗하다 □ 더럽다 □ 아름답다

2) □ 넓다 □ 바쁘다 □ 조용하다 □ 시끄럽다

3) □ 작다 □ 크다 □ 예쁘다 □ 나쁘다

4) □ 친절하다 □ 좋다 □ 재미없다 □재미있다

[3-4] 대화를 듣고 질문에 답하십시오.

3 맞으면 O, 틀리면 X 하십시오.

1) 레오 씨 고향에 강이 있습니다. (　　)
2) 호수가 크지 않습니다. (　　)
3) 호수가 아름답습니다. (　　)

4 대화를 완성하십시오.

가: 레오 씨 고향에 강이 있습니까?
나: 아니요, 제 고향에 강이 없습니다. 호수가 있습니다.
가: 호수가 ____________________
나: 네, 호수가 크고 ____________________

예쁘다　재미있다　재미없다

[5-6] 대화를 듣고 질문에 답하십시오.

5 질문에 답하십시오.

1) 대구에 무엇이 있습니까? (　　　)

❶ 산과 호수　❷ 산과 강　❸ 산과 바다　❹ 호수와 바다

2) 대구가 복잡합니까?

아니요, 대구가 ______________________

6 대화를 완성하십시오.

가: 우진 씨, ______________________

나: 제 고향은 대구입니다.

가: 대구에 바다가 있습니까?

나: 아니요, 바다가 없습니다. 산과 강이 있습니다.

가: 대구가 복잡합니까?

나: 아니요, 복잡하지 않습니다. ______________________

Ⅳ. 따라해 봅시다

- 복잡하지[복짜파지]
- 연습하지 [연스파지]
- 제주도는 복잡하지 않습니다.

Ⅴ. 정리해 봅시다

1. 고향이 어떻습니까?
2. 고향 사람들이 어떻습니까?

대구

06과 학교생활

1. 수업 시간

MP3 / 22

• 학습목표: 시간과 일정 관련 내용을 이해할 수 있다.

I. 준비해 봅시다

듣고 알맞은 것을 연결하십시오.

1) 2) 3) 4)

II. 읽어 봅시다

저는 날마다 여덟 시에 학교에 갑니다. 학교 커피숍에서 커피와 빵을 먹습니다.
그리고 여덟 시 반에 교실에 갑니다. 아홉 시에 선생님이 옵니다.
수업을 시작합니다. 오전 아홉 시부터 오후 한 시까지 한국말을 배웁니다.
한 시 반에 친구들과 같이 점심을 먹습니다.

수업 시간 하나(한) 시 열하나 여덟 반[1] 아홉 날마다 그리고
시작하다 오전 오후 점심

1 읽고 알맞은 것을 연결하십시오.

1)

2)

3)

4)

①

②

③

④

2 문장을 읽고 맞으면 O, 틀리면 X 하십시오.

1) 학교 커피숍에서 커피를 마십니다. ( )

2) 8시 반에 선생님이 교실에 옵니다. ( )

3) 9시부터 1시 반까지 한국말을 공부합니다. ( )

3 질문을 읽고 알맞은 대답을 쓰십시오.

1) 이 사람은 몇 시에 학교에 갑니까?

________ 학교에 갑니다.

2) 언제 수업을 시작합니까?

________ 수업을 시작합니다.

몇 언제

Ⅲ. 들어 봅시다

1 문장을 듣고 맞는 것에 ✔하십시오.

1)

❶ (　　) ❷ (　　)

2)

❶ (　　) ❷ (　　)

3)

❶ (　　) ❷ (　　)

4)

❶ (　　) ❷ (　　)

2 문장을 듣고 알맞은 것을 연결하십시오.

1) 에릭 • • ❶  • • 가 

2) 제임스 • • ❷  • • 나 

3) 리타오 • • ❸  • • 다 

4) 유키 • • ❹  • • 라 

[3-4] 대화를 듣고 질문에 답하십시오.

3 맞으면 O, 틀리면 X 하십시오.

1) 3시부터 4시까지 숙제를 합니다. (   )
2) 5시에 운동을 합니다. (   )

4 대화를 완성하십시오.

가: 언제 숙제를 합니까?
나: 3 시부터 ______ 숙제를 합니다.

가: 운동은 몇 시에 합니까?
나: ______ 합니다.

[5-6] 대화를 듣고 질문에 답하십시오.

5 질문에 답하십시오.

1) 노라 씨는 몇 시까지 아르바이트를 합니까? (   )
❶ 3시 ❷ 4시 ❸ 5시 ❹ 6시
2) 노라 씨는 언제 숙제를 합니까?
노라 씨는 ______

6 대화를 완성하십시오.

가: 노라 씨, ______
나: 3시부터 5시까지 아르바이트를 합니다.
가: ______
나: 도서관에서 숙제를 합니다.
가: 노라 씨와 같이 영화를 보고 싶습니다. 언제 시간이 있습니까?
나: 저는 저녁에 시간이 있습니다.

Ⅳ. 따라해 봅시다

- 먹습니다[먹씀니다]
- 작습니다[작씀니다]
- 한 시 반에 친구들과 같이 점심을 먹습니다.

Ⅴ. 정리해 봅시다

1. 몇 시에 밥을 먹습니까?
2. 아침부터 저녁까지 무엇을 합니까? 몇 시에 그것을 합니까?

저녁 영화

06과

학교생활

2. 학교생활

MP3 / 23

• 학습목표: 숫자와 제안 표현을 이해할 수 있다.

Ⅰ. 준비해 봅시다

그림을 보고 알맞은 것을 연결하십시오.

1) 

• • ❶ 구천사백팔

2) 

• • ❷ 백이십오

3) 

• • ❸ 다섯 시 십칠 분

Ⅱ. 읽어 봅시다

저는 집 앞에서 2000번 버스를 탑니다.
8시 40분에 학교에 옵니다.
9시에 선생님이 수업을 시작합니다.

선생님: 여러분, 160쪽을 보십시오.
누가 읽고 싶습니까?
노　라: 선생님, 제가 읽을까요?
선생님: 네, 노라 씨가 읽으십시오.

9시 50분부터 10시까지 쉽니다.
우리는 그 시간에 편의점에 갑니다.

천　백　생활　번　타다　여러분　쪽　쉬다

1 알맞은 것을 연결하십시오.

1) 여덟 시 사십 분 2) 이천 번 3) 아홉 시 오십 분 4) 백육십 쪽

①

②

③

④

2 문장을 읽고 맞으면 O, 틀리면 X 하십시오.

1) 학교 앞에서 버스를 탑니다. ( )

2) 8시 50분에 수업을 시작합니다. ( )

3) 노라 씨가 책을 읽고 싶어 합니다. ( )

3 질문을 읽고 알맞은 대답을 쓰십시오.

1) 몇 시부터 몇 시까지 쉽니까?

_______________ 쉽니다.

2) 학생들은 9시 50분에 어디에 갑니까?

_______________ 갑니다.

III. 들어 봅시다

1 문장을 듣고 알맞은 것을 연결하십시오.

1) • •　　2) • •　　3) • •　　4) • •

❶ 

❷ 

❸ 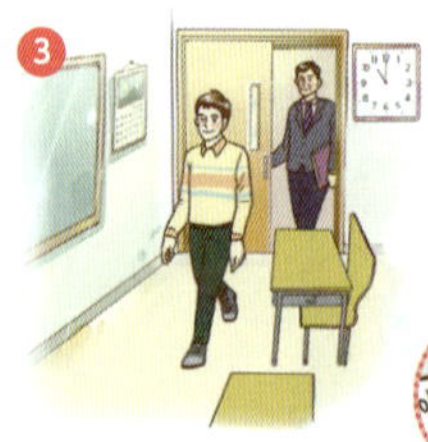

❹ 

2 듣고 맞는 대답을 고르십시오.

1) (　　)　　2) (　　)　　3) (　　)　　4) (　　)

❶	❷	❸	❹
36 쪽을 읽으십시오.	415 호에 가십시오.	3시 30분에 오십시오.	7737 번을 타십시오.

[3-4] 대화를 듣고 질문에 답하십시오.

3 맞으면 O, 틀리면 X 하십시오.

1) 레오는 3시에 학교에 옵니다. (　　)

2) 레오는 도서관 앞에서 기다립니다. (　　)

4 대화를 완성하십시오.

가: 선생님, 몇 시까지 학교에 올까요?

나: 레오 씨, 오후 ________까지 오십시오.

가: 어디에서 ________

나: 도서관 앞에서 기다리십시오.

호

[5-6] 대화를 듣고 질문에 답하십시오.

5 질문에 답하십시오.

1) 남자는 어디에 갑니까? (　　　)

❶ 학교　❷ 백화점　❸ 커피숍　❹ 사무실

2) 남자는 몇 번 버스를 탑니까?

__________ 버스를 탑니다.

6 대화를 완성하십시오.

가: 윤아 씨, 몇 번 버스가 백화점에 갑니까?

나: __________

가: 어디에서 버스를 탑니까?

나: __________ 백화점에서 무엇을 사고 싶습니까?

가: 저는 옷을 사고 싶습니다. 윤아 씨는 어디에 갑니까?

나: 저는 커피숍에 갑니다.

V. 따라해 봅시다

- 읽고[일꼬]
- 밝고[발꼬]
- 누가 읽고 싶습니까?

V. 정리해 봅시다

1. 지금 몇 시입니까?
2. 우리 교실은 몇 호입니까?

옷

MP3 / 24

1 다음을 읽고 질문에 답하십시오.

저는 날마다 9시부터 12시까지 편의점에서 아르바이트를 합니다.
오후에는 일하지 않습니다.
저는 1시 30분에 학교에 갑니다.
2시부터 6시까지 한국어 수업이 있습니다.
한국어 문법은 조금 어렵고 숙제도 많습니다.
그렇지만 선생님들이 친절하고 (가) 가르칩니다.
가끔 친구들과 (나) 숙제를 합니다.
저녁에 체육관에서 태권도를 배웁니다.
태권도가 아주 재미있습니다.

1. **이 글은 무엇에 대한 글입니까? (　　)**
   ① 한국 생활　② 아르바이트　③ 한국어 공부　④ 한국어 선생님

2. **이 글의 내용과 다른 것을 고르십시오. (　　)**
   ① 오전에 아르바이트를 합니다.　② 오후 2시에 수업을 시작합니다.
   ③ 한국어 숙제가 조금 어렵습니다.　④ 태권도가 아주 재미있습니다.

3. **빈 칸에 알맞은 것을 보기에서 골라 쓰십시오.**

   보기
   같이　잘

   가 (　　)　나 (　　)

한국어　문법　어렵다　그렇지만　가끔　잘

2 대화를 듣고 대답하십시오.

1. **두 사람은 지금 무슨 이야기를 합니까? ( )**
   ① 한국 친구 ② 한국어학당 ③ 한국어 공부 ④ 한국 대학교

2. **대화의 내용과 같은 것을 고르십시오. ( )**
   ① 여자는 오전에 시간이 있습니다.
   ② 여자는 한국어 공부가 어렵습니다.
   ③ 남자는 한국어 공부가 재미있습니다.
   ④ 남자는 오전에 한국어를 공부합니다.

문화

숫자 세기

여러분 나라에서는 손가락으로 어떻게 숫자를 셉니까? 한국에서는 손을 모두 편 후에 손가락을 접으면서 수를 셉니다. 엄지를 접으면 1, 엄지와 검지를 접으면 2, 이렇게 모두 접으면 5가 됩니다. 6부터 10은 접은 손가락을 하나씩 펴면서 셉니다. 그런데 이때 새끼손가락부터 하나씩 펴면서 셉니다.

단어 도와주다 잘하다

07과 음식

1. 음식

MP3 / 25

• 학습목표: 음식 관련 내용을 이해할 수 있다.

Ⅰ. 준비해 봅시다

듣고 알맞은 그림과 연결하십시오.

1) 2) 3) 4)

❶

❷

❸

❹

Ⅱ. 읽어 봅시다

유키 씨 집은 노라 씨 집 근처에 있습니다.
유키 씨는 노라 씨 집에 자주 갑니다.
노라 씨 집에서 두 사람은 같이 숙제를 합니다.
노라 씨는 요리를 잘합니다.
그래서 자주 음식을 만듭니다.

\---

노라: 유키 씨, 오늘은 무슨 음식을 만들까요?
유키: 오늘은 한식을 먹고 싶습니다.
노라: 그럼 제가 비빔밥을 만들까요?
유키: 네, 저도 같이 만들고 싶습니다.

냉면 김치찌개 삼계탕 닭갈비 요리 만들다 오늘 한식 비빔밥

1 문장을 읽고 관계가 있는 그림과 연결하십시오.

1) 유키 씨 집은 노라 씨 집 근처에 있습니다. • • ❶

2) 두 사람은 노라 씨 집에서 같이 숙제를 합니다. • • ❷

3) 그럼, 오늘은 제가 비빔밥을 만들까요? • • ❸

2 문장을 읽고 맞으면 O, 틀리면 X 하십시오.

1) 유키 씨와 노라 씨는 학교에서 숙제를 합니다. (　　)

2) 노라 씨는 자주 음식을 만듭니다. (　　)

3) 유키 씨는 오늘 한식을 먹고 싶어 합니다. (　　)

3 질문을 읽고 알맞은 대답을 쓰십시오.

1) 노라 씨는 무엇을 잘합니까?

노라 씨는 ______________ 을/를 잘합니다.

2) 두 사람은 오늘 무슨 음식을 먹습니까?

두 사람은 ______________ 을/를 먹습니다.

III. 들어 봅시다

1 문장을 듣고 맞는 그림의 번호를 고르십시오.

1) (　　)

❶ 

❷ 

2) (　　)

❶ 

❷ 

3) (　　)

❶ 

❷ 

4) (　　)

❶ 

❷ 

2 질문을 듣고 맞는 대답을 연결하십시오.

1) •　　　　• ❶ 수영을 자주 합니다.

2) •　　　　• ❷ 힙합을 듣습니다.

3) •　　　　• ❸ 일식을 먹고 싶습니다.

4) •　　　　• ❹ 사과를 좋아합니다.

[3-4] 대화를 듣고 질문에 답하십시오.

3 맞으면 O, 틀리면 X 하십시오.

1) 수현 씨는 중국 음식을 좋아합니다. (　　)

2) 자장면이 맛없습니다. (　　)

3) 수현 씨는 중국 음식을 만들지 않습니다. (　　)

불고기　머리　길다　아이　집　멀다　일식　과일　사과　힙합
중국 음식　자장면　맛있다　탕수육　맛없다

4 대화를 완성하십시오.

가: 수현 씨는 ________ 을/를 좋아합니까?
나: 저는 중국 음식을 좋아합니다.
자장면을 좋아합니다. 자장면이 아주 맛있습니다.
가: 집에서 중국 음식을 ________
나: 네, 자주 만듭니다. 자장면도 만들고 탕수육도 만듭니다.

[5-6] 대화를 듣고 질문에 답하십시오.

5 질문에 답하십시오.

1) 윤아 씨는 무엇을 자주 마십니까? (   )
① 우유 ② 차 ③ 주스 ④ 커피

2) 윤아 씨는 무슨 차를 좋아합니까?
________ 을/를 좋아합니다.

6 대화를 완성하십시오.

가: 윤아 씨, ________ 을/를 좋아합니까?
나: 저는 커피를 좋아하지 않습니다.
가: 그럼, 무엇을 자주 마십니까?
나: 저는 차를 자주 마십니다. 유자차를 좋아합니다.
가: 유자차는 맛이 어떻습니까?
나: 조금 ________

IV. 따라해 봅시다

- 맛있습니다 [마딛씀니다/마싣씀니다]
- 멋있습니다[머딛씀니다/머싣씀니다]
- 자장면이 아주 맛있습니다.

V. 정리해 봅시다

1. 무슨 음식을 좋아합니까?
2. 그 음식 맛이 어떻습니까?

우유 차[1] 유자차 맛 시다 달다

07과

음식

2. 음식 주문

MP3 / 26

• 학습목표: 음식을 주문하는 상황을 이해할 수 있다.

Ⅰ. 준비해 봅시다

문장을 읽고 맞으면 O, 틀리면 X 하십시오.

1)  우유가 두 잔 있습니다. (　　)

2)  라면이 네 개 있습니다. (　　)

3)  김밥이 한 줄 있습니다. (　　)

4)  콜라가 일곱 병 있습니다. (　　)

5)  비빔밥이 세 그릇 있습니다. (　　)

Ⅱ. 읽어 봅시다

우리 회사 앞에 백화점이 있습니다.
그 백화점 10층에 식당이 많습니다.
저는 가끔 제인 씨와 같이 거기에 갑니다.
음식이 맛있고 값도 비싸지 않습니다.
오늘은 피자를 먹고 싶습니다.

제인: 뭘 먹을까요?
우진: 여기는 불고기피자가 맛있습니다.
제인: 그럼 불고기피자와 콜라를 먹읍시다.
우진: 여기요, 불고기피자 한 판하고 콜라 두 잔 주십시오.

주문　잔　라면　개　김밥　줄　콜라　병　그릇　층　거기　값　비싸다　피자　판

1 문장을 읽고 관계가 있는 그림과 연결하십시오.

1) 우리 회사 앞에 백화점이 있습니다. •

2) 음식이 맛있고 값도 비싸지 않습니다. •

3) "피자 한 판하고 콜라 두 잔 주십시오." •

• ① 

• ② 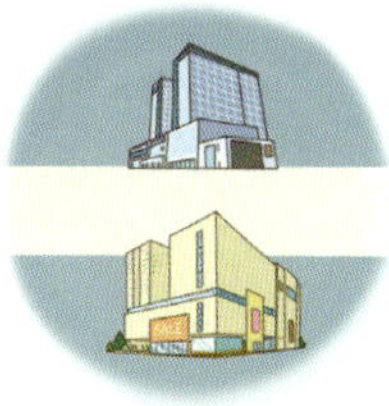

• ③ 

2 문장을 읽고 맞으면 O, 틀리면 X 하십시오.

1) 백화점 근처에 식당이 많습니다. (   )

2) 우진 씨는 피자를 먹고 싶어 합니다. (   )

3) 두 사람은 콜라와 피자 두 판을 먹습니다. (   )

3 질문을 읽고 알맞은 대답을 쓰십시오.

1) 식당이 어디에 있습니까?

식당은 백화점 ________에 있습니다.

2) 두 사람은 무엇을 주문합니까?

불고기피자 ________하고 콜라 ________을/를 주문합니다.

III. 들어 봅시다

1 문장을 듣고 관계가 있는 그림과 연결하십시오.

1) • 2) • 3) • 4) •

❶ 

❷ 

❸ 

❹ 

2 문장을 듣고 맞는 대답을 고르십시오.

1) • • ❶ 같이 게임할까요?

2) • • ❷ 같이 공원에 갈까요?

3) • • ❸ 그럼 피자를 시킬까요?

4) • • ❹ 그럼 같이 공부할까요?

[3-4] 대화를 듣고 질문에 답하십시오.

3 맞으면 ○, 틀리면 X 하십시오.

1) 두 사람은 한식집에 있습니다. (　　)

2) 여자는 갈비탕을 먹고 싶어 합니다. (　　)

3) 남자는 냉면을 먹고 싶어 합니다. (　　)

4 대화를 완성하십시오.

가: 흐엉 씨, 뭘 ____________

나: 저는 갈비탕을 먹고 싶습니다.

가: 저는 비빔밥을 먹고 싶습니다.

나: 그럼 갈비탕하고 비빔밥을 ____________

심심하다　한식집　갈비탕

[5-6] 대화를 듣고 질문에 답하십시오.

5 질문에 답하십시오.

1) 이 식당은 무슨 음식이 맛있습니까? (　　　)

① 냉면　② 불고기　③ 갈비　④ 우동

2) 두 사람은 무슨 음식을 먹습니까?

＿＿＿＿＿＿＿＿＿＿

6 대화를 완성하십시오.

가: 이 식당은 무슨 음식이 맛있습니까?

나: 갈비가 맛있습니다. ＿＿＿＿＿＿＿＿＿＿

가: 네, 저는 냉면도 먹고 싶습니다.

나: 그럼 갈비하고 냉면을 먹읍시다.

가: 여기요, ＿＿＿＿＿＿＿＿＿＿ 주십시오.

나: 갈비가 아주 맛있습니다.

Ⅳ. 따라해 봅시다

- 값도 [갑또]
- 없다 [업따]
- 값도 비싸지 않습니다.

Ⅴ. 정리해 봅시다

1. 식당에서 무슨 음식을 자주 주문합니까?
2. 식당에서 어떻게 음식을 주문합니까?

갈비　우동

08과 하루 생활

1. 10월

MP3 / 27

• 학습목표: 날짜와 요일 관련 내용을 이해할 수 있다.

Ⅰ. 준비해 봅시다

듣고 맞는 것에 ✔하십시오.

1)

❶ (   )   ❷ (   )

2)

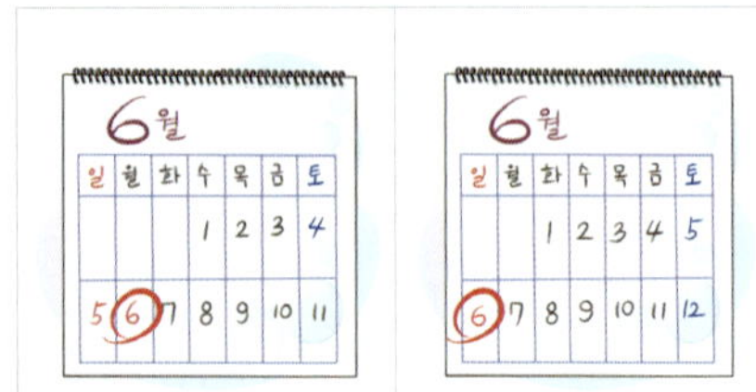

❶ (   )   ❷ (   )

3)

❶ (   )   ❷ (   )

4)

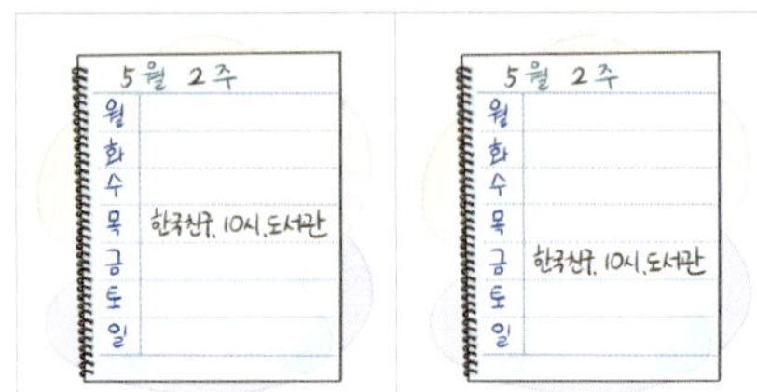

❶ (   )   ❷ (   )

Ⅱ. 읽어 봅시다

오늘은 10월 1일 월요일이에요.
10월 3일은 개천절이에요.
학교에 가지 않아요.
10월 9일에도 수업이 없어요.
이날은 한글날이에요.
11일과 12일에 시험이 있어요.
13일에는 반 친구들과 부산에 가요.
바다도 보고 생선회도 먹고 싶어요.
16일에 고향 친구가 서울에 와요.
친구를 빨리 만나고 싶어요.

삼월　유월　팔월　금요일　생일　시월　월　일[1]　월요일　개천절　이날
한글날　시험　반[2]　부산　생선회　서울　빨리

1 알맞은 것을 연결하십시오.

1) 시월 십일 일   2) 시월 십삼 일   3) 시월 십육 일

①

②

③

2 문장을 읽고 맞으면 O, 틀리면 X 하십시오.

1) 개천절에는 학교에 가지 않아요. ( )

2) 10월 9일은 한글날이에요. ( )

3) 고향 친구들과 부산에 가요. ( )

3 질문을 읽고 알맞은 대답을 쓰십시오.

1) 한글날은 몇 월 며칠이에요?

한글날은 ______________________

2) 고향 친구가 언제 한국에 와요?

고향 친구가 ______________________

III. 들어 봅시다

1 문장을 듣고 알맞은 것을 연결하십시오.

1) 월요일 　 2) 화요일 　 3) 수요일 　 4) 목요일

❶ 

❷ 

❸ 

❹ 

2 대화를 듣고 맞는 것에 ✔하십시오.

1)

❶ (　　)

❷ (　　)

2)

❶ (　　)

❷ (　　)

3)

❶ (　　)

❷ (　　)

4)

❶ (　　)

❷ (　　)

[3-4] 대화를 듣고 질문에 답하십시오.

3 맞으면 O, 틀리면 X 하십시오.

1) 에릭 씨는 금요일 오후에 일이 있어요. (　　)

2) 금요일은 리타오 씨 생일이에요. (　　)

3) 에릭 씨는 불고기와 잡채를 만들고 싶어 해요. (　　)

화요일 　 수요일 　 목요일 　 며칠 　 요일 　 일² 　 잡채

4 알맞은 말을 쓰십시오.

가: 에릭 씨, ____________ 오후에 바빠요?
나: 아니요, 한가해요. 무슨 일이 있어요?
가: 리타오 씨 ____________ 같이 불고기를 만들까요?
나: 네, 좋아요. 잡채도 만듭시다.

[5-6] 대화를 듣고 질문에 답하십시오.

5 대답을 쓰십시오.

1) 몇 월 며칠에 시험을 봐요? (　　　)

① 9월 3일　② 9월 4일　③ 3월 9일　④ 4월 9일

2) 두 사람은 무슨 요일에 같이 공부해요?

두 사람은 ____________

6 대화를 완성하십시오.

가: 유키 씨, ____________
나: 9월 3일에 봐요.
가: 9월 3일이 ____________
나: 월요일이에요.
가: 그럼 토요일에 같이 도서관에서 공부할까요?
나: 좋아요. 몇 시에 만날까요?
가: 9시에 만나요.

Ⅳ. 따라해 봅시다

- 한글날[한글랄]
- 설날[설랄]
- 이날은 한글날이에요.

Ⅴ. 정리해 봅시다

1. 생일이 언제입니까?
2. 오늘은 무슨 요일입니까?

토요일

08과 하루 생활

2. 하루 생활

MP3 / 28

• 학습목표: 하루 일과 관련 내용을 이해할 수 있다.

Ⅰ. 준비해 봅시다

듣고 맞는 그림의 번호를 쓰십시오.

❶

❷

❸

❹

1) (   ) 2) (   ) 3) (   ) 4) (   )

Ⅱ. 읽어 봅시다

저는 날마다 6시에 일어나요.
운동을 하고 샤워를 해요.
아침을 먹고 9시까지 회사에 가요.
회사에서 커피를 마시고 일을 시작해요.
12시에 점심을 먹고 회의를 해요.
오후에 손님들을 많이 만나요.
5시 30분에 일이 끝나고 저녁을 먹어요.
6시 30분부터 한국어 수업을 들어요.
한국어 공부가 재미있어요.

하루 자다 이를 닦다 세수하다 일어나다 샤워하다 아침 회의 손님 끝나다

1 그림의 번호를 에릭 씨의 하루 생활 순서대로 쓰십시오.

(7) → (   ) → (   ) → (   ) → (   ) → (   ) → (   ) → (3)

2 문장을 읽고 맞으면 O, 틀리면 X 하십시오.

1) 에릭은 7시에 일어납니다. (   )
2) 에릭은 아침을 먹고 샤워를 합니다. (   )
3) 에릭은 점심을 먹고 회의를 합니다 (   )

3 질문을 읽고 알맞은 대답을 쓰십시오.

1) 에릭 씨는 몇 시까지 회사에 갑니까?

______________ 회사에 갑니다.

2) 언제 저녁을 먹습니까?

______________ 저녁을 먹습니다.

8-2

Ⅲ. 들어 봅시다

1 문장을 듣고 맞는 것을 고르십시오.

1) (　　)　　2) (　　)　　3) (　　)　　4) (　　)

2 대화를 듣고 맞는 것의 번호를 쓰십시오.

1) (　　) → (　　)　　2) (　　) → (　　)

3) (　　) → (　　)　　4) (　　) → (　　)

[3-4] 대화를 듣고 질문에 답하십시오.

3 맞으면 O, 틀리면 X 하십시오.

1) 올리비아 씨는 수업이 끝나고 혼자 점심을 먹습니다. (　　)

2) 올리비아 씨는 점심을 먹고 대사관에 갑니다. (　　)

창문　걷다　묻다　보통　대사관

4 대화를 완성하십시오.

가: 올리비아 씨, 수업이 ______ 무엇을 해요?
나: 친구들과 같이 점심을 먹어요.
가: 점심을 먹고 무엇을 해요?
나: 점심을 먹고 ______

[5-6] 대화를 듣고 질문에 답하십시오.

5 대답을 쓰십시오.

1) 윤아 씨는 오후에 보통 뭘 해요? (　　　)
   ❶ 수업을 들어요. ❷ 영화를 봐요.
   ❸ 아르바이트를 해요. ❹ 공원에서 운동해요.

2) 두 사람은 영화를 보고 무엇을 해요?
   영화를 보고 ______

6 대화를 완성하십시오.

가: 윤아 씨, 오후에 보통 뭘 해요?
나: 아르바이트를 해요.
가: 오늘도 아르바이트를 해요?
나: 아니요, ______
가: 그럼 오늘 같이 영화를 보고 저녁을 먹을까요?
나: 좋아요. 저녁을 먹고 ______

IV. 따라해 봅시다

- 회사 [회사/훼사]
- 회의[회의/훼이]
- 아침을 먹고 9시까지 회사에 가요.

V. 정리해 봅시다

1. 날마다 무엇을 해요?
2. 오늘은 무엇을 해요?

좀[1]

복습

MP3 / 29

1 대화를 듣고 대답하십시오.

1) **무엇에 대한 이야기입니까? (　　)**

① 한국 식당
② 점심 식사
③ 한국 음식
④ 아르바이트

2) **들은 내용과 같은 것은 무엇입니까? (　　)**

① 리타오 씨는 오후에 시간이 없습니다.
② 리타오 씨는 혼자 점심을 먹고 싶어 합니다.
③ 리타오 씨는 오늘 아르바이트를 하지 않습니다.
④ 리타오 씨는 내일 오후에 친구들과 같이 점심을 먹습니다.

3) **리타오 씨와 친구들은 무슨 음식을 얼마나 시킵니까? 쓰십시오.**

① ________, ________
② ________, ________

2 다음을 읽고 질문에 대답하십시오.

10월 21일 수요일
저는 학교 근처에서 삽니다.
날마다 8시에 일어납니다.
9시까지 학교에 갑니다.
1시까지 수업을 듣고 혼자 점심을 먹습니다.
점심을 먹고 아르바이트를 합니다.
저는 수요일에 아르바이트를 하지 않습니다.
그래서 오늘은 반 친구들과 같이 점심을 먹습니다.

식사　내일　살다

1) 이 사람이 날마다 하는 일을 순서대로 쓰십시오.

❶ 학교에 갑니다. ❷ 아르바이트를 합니다. ❸ 일어납니다.
❹ 수업을 듣습니다. ❺ 점심을 먹습니다.

( ) → ( ) → ( ) → ( ) → ( )

2) 이야기의 내용과 같은 것을 고르십시오. ( )

❶ 이 사람의 집은 학교에서 멉니다.
❷ 이 사람은 9시에 일어납니다.
❸ 이 사람은 오늘 친구들과 점심을 먹습니다.
❹ 이 사람은 금요일에 아르바이트를 하지 않습니다.

문화

상차림

한국 음식은 주로 밥과 국, 그리고 찌개, 반찬으로 이루어져 있습니다. 밥과 국은 각자 먹지만 찌개나 반찬은 여러 사람과 나누어 먹습니다. 식당에서 음식을 주문하면 '반찬'이 보통 3~4가지 나옵니다. 지방에 따라서 '반찬'이 10가지 이상 나오는 곳도 있습니다. '반찬'은 손님이 원하면 무료로 더 먹을 수 있습니다.

09과

주말

1. 주말

MP3 / 30

• 학습목표: 주말 활동 관련 내용을 이해할 수 있다.

I. 준비해 봅시다

읽고 맞으면 O, 틀리면 X 하십시오.

1) 야구를 합니다.  (　　)

2) 태권도를 합니다.  (　　)

3) 탁구를 칩니다.  (　　)

4) 스키를 탑니다.  (　　)

II. 들어 봅시다

1 문장을 듣고 관계가 있는 그림과 연결하십시오.

1) •　　2) •　　3) •　　4) •

①

②

③

④

주말　야구　태권도　탁구를 치다　스키를 타다　축구　농구

2 문장을 듣고 관계가 있는 것에 ✔하십시오.

1) □ 축구 □ 영화

2) □ 수업 □ 날씨

3) □ 음식 □ 노래

4) □ 백화점 □ 도서관

[3-4] 대화를 듣고 질문에 답하십시오.

3 맞으면 O, 틀리면 X 하십시오.

1) 에릭 씨는 테니스를 치고 싶어 합니다. ( )
2) 에릭 씨는 테니스장에 갑니다. ( )
3) 그 테니스장은 싸고 좋습니다. ( )

4 대화를 완성하십시오.

가: 에릭 씨, 어디에 가요?
나: 테니스를 ________ 테니스장에 가요.
가: 그 테니스장이 어때요?
나: 조금 ________ 좋아요.

[5-6] 대화를 듣고 질문에 답하십시오.

5 질문에 답하십시오.

1) 타오 씨는 무엇을 하러 공원에 갑니까? ( )
① 야구 ② 축구 ③ 탁구 ④ 농구

2) 노라 씨는 주말에 어디에 갑니까? 그곳이 어떻습니까?
노라 씨는 ________에 갑니다.
그곳이 조금 ________

괜찮다 테니스를 치다 테니스장 싸다 그래서 제일 수영장 그곳

6 대화를 완성하십시오.

가: 타오 씨, 주말에 보통 뭘 해요?

나: 저는 운동을 좋아해요. 친구와 같이 ____________

가: 타오 씨는 무슨 운동을 제일 좋아해요?

나: 저는 농구를 좋아해요. 그래서 ____________

노라 씨는 주말에 무엇을 해요?

가: 저는 주말에 수영장에 가요. 수영장이 조금 작지만 깨끗해요.

III. 읽어 봅시다

저는 운동을 좋아합니다. 그래서 주말에 보통 운동을 합니다.
친구들과 같이 운동장에서 축구도 하고 농구도 합니다.
여름에는 서핑을 하러 바다에 갑니다. 서핑이 요즘 인기가 많습니다.
겨울에는 스키를 타러 스키장에 자주 갑니다.
스키장은 멀지만 경치가 아름답습니다.
이번 주말에는 친구들과 같이 야구장에 갑니다.
친구들과 야구도 구경하고 맥주도 마시고 싶습니다.

여름 서핑 겨울 요즘 인기가 많다 스키장 야구장 맥주 구경하다

1 문장을 읽고 관계가 있는 그림과 연결하십시오.

1) 친구들과 같이 운동장에서 축구도 합니다. • • ❶ 

2) 서핑을 하러 바다에 갑니다. • • ❷ 

3) 스키장이 멀지만 경치가 아름답습니다. • • ❸ 

2 문장을 읽고 맞으면 O, 틀리면 X 하십시오.

1) 저는 축구와 스키를 좋아합니다. (   )
2) 스키장은 멀지만 경치가 좋습니다. (   )
3) 이번 주말에는 친구들과 같이 스키장에 갑니다. (   )

3 질문을 읽고 알맞은 대답을 쓰십시오.

1) 이 사람은 주말에 보통 무엇을 하러 운동장에 갑니까?
   ________ 와/과 ________ 을/를 하러 운동장에 갑니다.

2) 이 사람은 여름하고 겨울에 무슨 운동을 합니까?
   여름에 ________ 을/를 하고 겨울에 ________

IV. 따라해 봅시다

- 아름답습니다[아름답씀니다]
- 입습니다[입씀니다]
- 경치가 아름답습니다.

V. 정리해 봅시다

1. 무슨 운동을 좋아합니까?
2. 그 운동이 어떻습니까?

09과 주말

2. 주말 계획

MP3 / 31

• 학습목표: 주말 계획 관련 내용을 이해할 수 있다.

Ⅰ. 준비해 봅시다

다음 문장을 읽고 맞으면 O, 틀리면 X 하십시오.

1) 여행할 거예요.  ( )

2) 쇼핑할 거예요.  ( )

3) 빨래할 거예요.  ( )

4) 데이트할 거예요.  ( )

Ⅱ. 읽어 봅시다

존 : 이번 주말에 뭘 할 거예요?
하늘: 토요일에 친구들을 만나러 홍대 근처에 갈 거예요.
존 : 친구들하고 뭘 할 거예요?
하늘: 같이 점심을 먹고 노래방에 갈 거예요.
존 씨는 토요일에 뭘 할 거예요?
존 : 저는 오전에 아르바이트를 해요.
오후에는 여자 친구하고 남산한옥마을에 갈 거예요.
하늘: 남산한옥마을이 아주 아름다워요.
저도 다시 가고 싶어요.
존 : 다음에 우리 반 친구들하고 같이 갑시다.

계획 여행하다 쇼핑하다 빨래하다 데이트하다 다시

1 누가 하는 일입니까? 그림을 보고 순서대로 번호를 쓰십시오.

① 

② 

③ 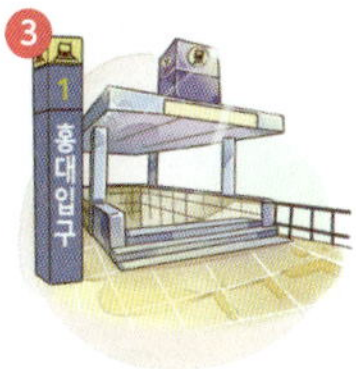

④ 

⑤ 

하늘 (③) → (   ) → (   )   존 (   ) → (   )

2 문장을 읽고 맞으면 O, 틀리면 X 하십시오.

1) 하늘 씨는 홍대 근처에서 친구들을 만날 거예요. (   )

2) 홍대 근처는 아주 아름다워요. (   )

3) 존 씨와 하늘 씨는 다음에 같이 한옥마을에 갈 거예요. (   )

3 질문을 읽고 알맞은 대답을 쓰십시오.

1) 하늘 씨는 홍대 근처에서 뭘 할 거예요?

친구들과 같이 ____________________

2) 존 씨는 토요일 오후에 무엇을 할 거예요?

____________________ 남산한옥마을에 갈 거예요.

홍대   남산한옥마을   다음

III. 들어 봅시다

1 문장을 듣고 관계가 있는 그림과 연결하십시오.

1) • 2) • 3) • 4) •

①

②

③

④

2 질문을 듣고 맞는 대답을 고르십시오.

1) • • ① 집에 갈 거예요.

2) • • ② 불고기를 만들 거예요.

3) • • ③ 고향 친구를 만날 거예요.

4) • • ④ 열두 시까지 공부할 거예요.

[3-4] 대화를 듣고 질문에 답하십시오.

3 맞으면 O, 틀리면 X 하십시오.

1) 흐엉 씨는 주말에 커피숍에서 공부하고 싶어 합니다. ( )

2) 흐엉 씨 집 근처에 커피숍이 있습니다. ( )

3) 흐엉 씨 집 근처 커피숍은 시끄럽습니다. ( )

4 대화를 완성하십시오.

가: 흐엉 씨, 주말에 뭘 할 거예요?

나: 주말에 커피숍에서 ______________________

가: 커피숍은 좀 시끄럽지 않아요?

나: 우리 집 근처 커피숍은 ______________________

[5-6] 대화를 듣고 질문에 답하십시오.

5 질문에 답하십시오.

1) 윤아 씨는 주말에 어디에 갈 거예요? (   )

❶ 인천 ❷ 서울 ❸ 춘천 ❹ 부산

2) 인천은 어때요?

인천은 ________________

6 대화를 완성하십시오.

가: 유아 씨, 주말에 어디에 갈 거예요?

나: 저는 인천에 ________________

가: 그래요? 인천은 어때요?

나: 아주 아름다워요. 인천에는 바다도 있어요.

가: 바다에도 갈 거예요?

나: 네, 바다에서 ________________

Ⅴ. 따라해 봅시다

- 시끄럽지 [시끄럽찌]
- 좁지 [좁찌]
- 우리 집 근처 커피숍은 시끄럽지 않아요.

Ⅵ. 정리해 봅시다

1. 주말에 보통 무엇을 해요?
2. 이번 주말에 무엇을 할 거예요?

인천 춘천

10과 지난 일

1. 일기

MP3 / 32

• 학습목표: 과거에 한 일을 이해할 수 있다.

Ⅰ. 준비해 봅시다

맞으면 ○, 틀리면 X 하십시오.

9월						
일	월	화	수	목	금	토
						1
2	3	4	5	6	7	8
9	10	11	12	13	14 부산	15 부산
16	17	18 오늘	19 시험	20 시험	21	22
23	24	25	26	27	28	29
30						

1) 오늘은 화요일입니다. (　　　)

2) 내일 시험이 있습니다. (　　　)

3) 모레 시험이 끝납니다. (　　　)

4) 지난달에 부산에 갔습니다. (　　　)

Ⅱ. 읽어 봅시다

5월 11일 토요일
오늘은 조금 늦게 일어났습니다.
오후에 친구와 같이 서울 시내를 구경했습니다.
먼저 명동에 갔습니다.
명동은 가게도 많고 복잡했습니다.
명동을 구경하고 엔(N) 서울 타워에 갔습니다.
엔(N) 서울 타워는 명동에서 가까웠습니다.
그곳에서 서울 경치를 구경하고 사진을 찍었습니다.
그리고 돈가스를 먹으러 갔습니다. 돈가스는 크고 맛있었습니다.
인사동에도 가고 싶었지만 안 갔습니다. 조금 피곤했지만 재미있었습니다.

지난　일기　모레　지난달　늦게　시내　명동　가깝다　엔(N) 서울 타워
사진을 찍다　돈가스　인사동　피곤하다

1 맞는 것에 ✔하십시오.

1) 서울 시내를 구경했습니다.

❶ (　　)　❷ (　　)

2) 가게도 많고 복잡했습니다.

❶ (　　)　❷ (　　)

3) 엔(N) 서울 타워에 갔습니다.

❶ (　　)　❷ (　　)

4) 돈가스를 먹으러 갔습니다.

❶ (　　)　❷ (　　)

2 문장을 읽고 맞으면 O, 틀리면 X 하십시오.

1) 돈가스를 먹으러 명동에 갔습니다. (　　)

2) 명동을 구경하고 엔(N) 서울 타워에 갔습니다. (　　)

3) 조금 피곤했습니다. (　　)

3 질문을 읽고 알맞은 대답을 쓰십시오.

1) 명동이 어땠습니까?

가게도 ______________________

2) 어디에 가고 싶었지만 안 갔습니까?

____

III. 들어 봅시다

1 듣고 맞는 것에 ✔하십시오.

1)

❶ (　　) ❷ (　　)

2)

❶ (　　) ❷ (　　)

3)

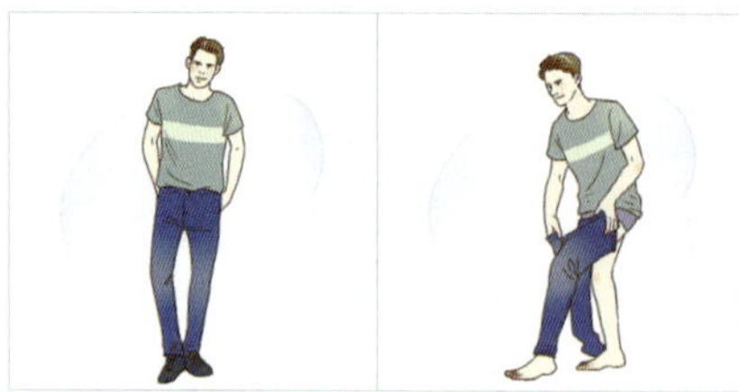

❶ (　　) ❷ (　　)

4)

❶ (　　) ❷ (　　)

2 질문을 듣고 맞는 대답을 연결하십시오.

1) •	•	❶ 안 좋았어요.
2) •	•	❷ 재미없었어요.
3) •	•	❸ 안 매웠어요.
4) •	•	❹ 안 어려웠어요.

[3-4] 대화를 듣고 질문에 답하십시오.

3 맞으면 O, 틀리면 X 하십시오.

1) 하늘 씨는 지난 토요일에 식당에 갔어요. (　　)

2) 두 사람이 떡볶이를 만들었어요. (　　)

3) 에릭 씨는 떡볶이를 안 좋아했어요. (　　)

바지

4 알맞은 말을 쓰십시오.

가: 하늘 씨, 지난 토요일에 뭘 했어요?

나: 에릭 씨 집에서 같이 떡볶이를 만들었어요.

가: 맛이 ____________

나: 조금 매웠지만 ____________
에릭 씨가 좋아했어요.

[5-6] 대화를 듣고 질문에 답하십시오.

5 대답을 쓰십시오.

1) 주앙 씨는 지난 주말에 무엇을 **안** 했어요? (　　　)

① 여행　　② 요리　　③ 수영　　④ 등산

2) 제주도에서 무엇을 먹었어요?

제주도에서 ____________

6 대화를 완성하십시오.

가: 주앙 씨, ____________

나: 제주도에 갔어요.

가: 제주도에서 뭘 했어요?

나: 수영도 하고 등산도 했어요. 생선회도 많이 먹었어요.

가: ____________

나: 아주 재미있었어요. 사람들도 친절했어요.

Ⅳ. 따라해 봅시다

- 늦게[늗께]
- 곶감[곧깜]
- 오늘은 조금 늦게 일어났습니다.

Ⅴ. 정리해 봅시다

1. 어제 뭘 했어요?
2. 지난 주말에 뭘 했어요?

10과 지난 일

2. 리타오의 하루

MP3 / 33

• 학습목표: 과거에 하지 못한 일을 이해할 수 있다.

Ⅰ. 준비해 봅시다

알맞은 것을 고르십시오.

1) 무엇을 예매해요?
   (영화표, 식당, 기차표, 호텔, 콘서트 표)

2) 무엇을 예약해요?
   (영화표, 식당, 기차표, 호텔, 콘서트 표)

Ⅱ. 들어 봅시다

1 문장을 듣고 맞는 것을 찾으십시오.

1) • 2) • 3) • 4) •

❶ 

❷ 

❸ 

❹ 

2 대화를 듣고 관계 있는 것을 연결하십시오.

1) 바빠요.	• •	❶ 영화를 보지 못했어요.
2) 숙제가 많아요.	• •	❷ 책을 빌리지 못했어요.
3) 배가 아파요.	• •	❸ 친구를 만나지 못했어요.
4) 시간이 없어요.	• •	❹ 점심을 먹지 못했어요.

영화표 기차표 호텔 예매하다 예약하다 빌리다

[3-4] 대화를 듣고 질문에 답하십시오.

3 맞으면 O, 틀리면 X 하십시오.

1) 에릭은 지난 금요일에 일이 많았어요. (   )
2) 에릭은 지난 토요일에 영화를 보지 못했어요. (   )
3) 에릭은 이번 금요일에 영화를 볼 거예요. (   )

4 대화를 완성하십시오.

가: 에릭 씨, 지난 토요일에 영화를 보러 갔어요?
나: 아니요, 지난 토요일에 영화를 ________
가: 왜요? 무슨 일이 있었어요?
나: ________ 회사에 갔어요.
영화는 이번 금요일에 보러 갈 거예요.

[5-6] 대화를 듣고 질문에 답하십시오.

5 질문에 답하십시오.

1) 에릭 씨는 왜 부산에 가지 못했습니까? (   )
❶ 일이 많았어요. ❷ 표를 잘못 샀어요.
❸ 친구를 만나지 못했어요. ❹ 표를 예매하지 않았어요.
2) 에릭 씨는 주말에 친구와 무엇을 했습니까?
친구와 ________

6 대화를 완성하십시오.

가: 에릭 씨, 주말에 부산에 갔어요?
나: 아니요, 표를 잘못 사서 ________
가: 토요일 표를 예매하지 않았어요?
나: 제가 토요일 표를 사지 않고 금요일 표를 샀어요.
가: ________
나: 친구하고 남대문시장을 구경했어요.

왜 여행 잘못

오늘 아침에 늦게 일어났습니다.
그래서 아침을 먹지 못했습니다.
수업이 끝나고 반 친구와 식당에 갔습니다.
사람이 많아서 오래 기다렸습니다.
밥을 먹고 아르바이트를 하러 갔습니다.
오늘은 손님이 많아서 아주 바빴습니다.
너무 바빠서 화장실에도 가지 못했습니다. 8시에 집에 왔습니다.
너무 피곤해서 저녁도 먹고 싶지 않았습니다. 오늘은 정말 힘들었습니다.

1 문장을 읽고 관계가 있는 것과 연결하십시오.

1) 오늘 아침을 먹지 못했습니다. • • ❶ 

2) 식당에서 오래 기다렸습니다. • • ❷ 

3) 오늘 가게에 손님이 많았습니다. • • ❸ 

4) 오늘 정말 피곤했습니다. • • ❹ 

오래 정말 힘들다 너무

2 문장을 읽고 맞으면 O, 틀리면 X 하십시오.

1) 리타오는 식당에서 밥을 먹지 못했습니다. ( )

2) 리타오는 오늘 바빴습니다. ( )

3) 리타오는 오늘 저녁을 많이 먹고 싶었습니다. ( )

3 질문을 읽고 알맞은 대답을 쓰십시오.

1) 리타오는 왜 아침을 먹지 못했습니까?

_______________ 아침을 먹지 못했습니다.

2) 리타오는 왜 식당에서 오래 기다렸습니까?

_______________ 오래 기다렸습니다.

Ⅳ. 따라해 봅시다

- 못했어요[모태써요]
- 깨끗해요[깨끄태요]
- 바빠서 만나지 못했어요.

Ⅴ. 정리해 봅시다

1. 하고 싶었지만 무엇을 하지 못했습니까?
2. 왜 그 일을 하지 못했습니까?

복습

MP3 / 34

1 다음을 읽고 질문에 답하십시오.

노라의 일기

7월 6일 목요일

흐엉 씨와 나는 한국 노래를 좋아해요.
우리는 다음 주말에 한국 가수의 콘서트를 보러 갈 거예요.
지난 주말에도 나는 한국 가수 콘서트에 갔어요.
(가) 예매를 안 해서 콘서트를 보지 못했어요.
(나) 우리는 오늘 콘서트 표를 예매했어요.
콘서트는 다음 주 토요일 저녁 7시에 코엑스에서 해요.
코엑스는 주말에 사람이 많지만 재미있어요.
근처에 한강공원도 있어요.
우리는 다음 주 토요일 12시에 코엑스에서 만날 거예요.
먼저 코엑스와 한강공원을 구경하고 콘서트를 보러 갈 거예요.

1) 이 글의 내용에 맞는 것을 고르십시오. (　　)

① ★안녕하세요, 소년시대입니다★
소년시대 콘서트
일시: 2017. 7. 8 토요일 7:00 PM
장소: 강남 코엑스

② ★안녕하세요, 소년시대입니다★
소년시대 콘서트
일시: 2017. 7. 15 토요일 7:00 PM
장소: 강남 코엑스

③ ★안녕하세요, 소년시대입니다★
소년시대 콘서트
일시: 2017. 7. 8 토요일 12:00 PM
장소: 한강공원

④ ★안녕하세요, 소년시대입니다★
소년시대 콘서트
일시: 2017. 7. 15 토요일 12:00 PM
장소: 한강공원

2) 빈 칸에 알맞은 것을 보기에서 골라 쓰십시오.

보기

그래서　　그렇지만　　그리고

가 (　　　　)　　나 (　　　　)

콘서트 표　코엑스　먼저

3) **이 글의 내용과 같은 것을 고르십시오. (　　)**

❶ 지난 주말에 콘서트를 보았습니다.
❷ 코엑스는 날마다 사람이 많습니다.
❸ 코엑스에서 한강공원이 가깝습니다.
❹ 이번 주말에 친구와 같이 콘서트에 갑니다.

2 대화를 듣고 대답하십시오.

1) **대화를 듣고 이어지는 여자의 대답으로 알맞은 것을 고르십시오. (　　)**

❶ 좋아요. 내일 저녁에 만나요.
❷ 그럼 다음 주말에 표를 삽시다.
❸ 빨리 콘서트를 보고 싶어요.
❹ 그럼 먼저 표를 사고 콘서트를 보러 갈까요?

2) **두 사람은 무슨 이야기를 합니까? (　　)**

❶ 예매　❷ 예약　❸ 구경　❹ 쇼핑

문화

등산

한국에는 산이 많습니다. 설악산, 한라산, 지리산 등이 유명합니다. 서울에도 북한산, 도봉산, 남산, 관악산 등 산이 많습니다. 그래서 주말이 되면 가까운 산에 등산을 하러 가는 사람들을 볼 수 있습니다. 등산은 한국인이 가장 좋아하는 취미 활동입니다. 특히 날씨가 좋은 봄이나 가을에 등산을 하는 사람이 많습니다.

부록

모범 답안
색인

모범 답안

한글1

Ⅰ. 모음

• 들어 봅시다

1. 듣고 소리가 같으면 O, 다르면 X표 하십시오.
1) X　2) O　3) O　4) O　5) X　6) O

2. 듣고 맞는 것을 고르십시오.
1) ① 아　2) ② 오　3) ③ 으
4) ② 이　5) ③ 외　6) ③ 위

Ⅱ. 자음

• 들어 봅시다

1. 듣고 소리가 같으면 O, 다르면 X표 하십시오.
1) X　2) O　3) X　4) O　5) X　6) O

2. 듣고 맞는 것을 고르십시오.
1) ① 가　2) ① 노　3) ③ 래
4) ① 누구　5) ② 가게　6) ① 도로

• 들어 봅시다

3. 듣고 소리가 같으면 O, 다르면 X표 하십시오.
1) O　2) X　3) X　4) O　5) X　6) X

4. 듣고 맞는 것을 고르십시오.
1) ② 무　2) ③ 쥐　3) ① 가다
4) ① 매우　5) ① 서리　6) ③ 어버이

• 들어 봅시다

5. 듣고 소리가 같으면 O, 다르면 X표 하십시오.
1) O　2) X　3) O　4) O　5) X　6) X

6. 듣고 맞는 것을 고르십시오.
1) ① 티　2) ② 코　3) ① 차다
4) ③ 호두　5) ② 포수　6) ③ 후추

한글2

Ⅰ. 모음2

1. 듣고 소리가 같으면 O, 다르면 X표 하십시오.
1) O　2) X　3) X　4) X　5) O　6) O

2. 듣고 맞는 것을 고르십시오.
1) ③ 규　2) ② 회　3) ① 왜
4) ① 여자　5) ② 여유　6) ① 교수

Ⅱ. 자음2

1. 듣고 소리가 같으면 O, 다르면 X표 하십시오.
1) X　2) X　3) O　4) X　5) O　6) O

2. 듣고 맞는 것을 고르십시오.
1) ③ 따　2) ① 시　3) ③ 짜다
4) ② 피다　5) ② 끼다　6) ① 떼다

한글3

• 들어 봅시다

1. 듣고 소리가 같으면 O, 다르면 X표 하십시오.
1) O　2) X　3) O　4) O　5) O　6) X

2. 듣고 맞는 것을 고르십시오.
1) ③ 강　2) ② 별　3) ① 독
4) ① 점　5) ③ 싶다　6) ① 전신

3. 듣고 연결하십시오.

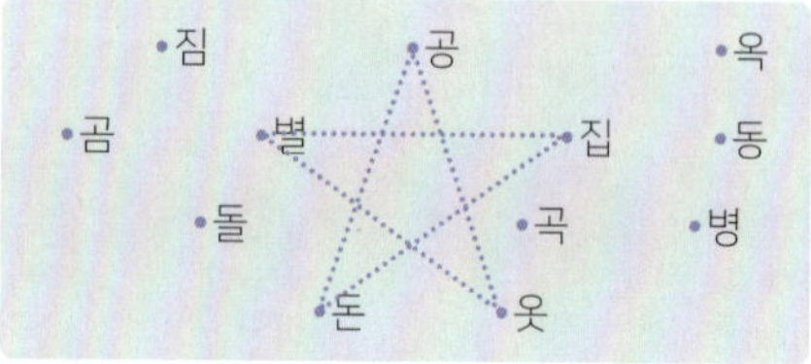

1-1 인사

Ⅰ. 준비해 봅시다

1) ①　2) ②　3) ⑥　4) ⑦　5) ⑤　6) ③　7) ④

Ⅱ. 읽어 봅시다

1. 1) ③　2) ②　3) ①
2. 1) O　2) X
3. 제임스, 영국

Ⅲ. 들어 봅시다

1. 1) ③　2) ④　3) ①　4) ②
2. 1) 리타오, 중국　2) 올리비아, 호주
3) 정하늘, 한국　4) 존, 케냐
3. 1) O　2) X
4. 네, 일본
5. 1) 리타오, 중국　2) 노라, 노르웨이
6. 안녕하십니까?, 중국 사람입니다.

1-2 직업

Ⅰ. 준비해 봅시다

1) ②　2) ①　3) ②　4) ①

Ⅱ. 읽어 봅시다

1. 1) ②　2) ③　3) ①
2. 1) X　2) O
3. 제시카, 호주, 기자

Ⅲ. 들어 봅시다

1. 1) ②　2) ①　3) ①　4) ②
2. 1) 리타오　2) 독일　3) 요리사　4) 기자
3. 1) O　2) X
4. 러시아, 배우
5. 1) ②　2) 학생입니다.
6. 베트남 사람이 아닙니다.
회사원이 아닙니다.

2-1 교실 물건

I. 준비해 봅시다

1) X (의사입니다.)　2) O (시계입니다.)
3) O (달력입니다.)　4) X (그림입니다.)

II. 읽어 봅시다

1. 1) ③
2. 1) O　2) O　3) X
3. 1) 제 책상
   2) 한국 지도

III. 들어 봅시다

1. 1) ②　2) ①　3) ④　4) ③
2. 1) ①　2) ②　3) ①　4) ①
3. 1) X　2) X
4. 이것이, 저것이
5. 1) ③　2) 한국 지도입니다.
6. 달력이 아닙니다.
   네, 한국 지도입니다.

2-2 내 물건

I. 준비해 봅시다

1. 1) ○ (연필입니다.)　2) X (가방입니다.)
   3) ○ (지갑입니다.)

II. 읽어 봅시다

1. 1) ①, ④　2) ②, ③
2. 1) X　2) ○　3) X
3. 1) 지갑, 휴대전화가
   2) 안경, 휴지가

III. 들어 봅시다

1. 1) ③　2) ②　3) ④　4) ①
2. 1) ①　2) ②　3) ①　4) ①
3. 1) ○　2) ○
4. 컴퓨터가, 없습니다.
5. 1) ②, ④　2) 물이 없습니다.
6. 주스도 있습니까?
   물은 없습니다.

◆ 복습

1. 다음을 읽고 질문에 답하십시오.

1) ②
2) ③
3) ㉮:(이름)　㉯:(사람)　㉰:(책상)

2. 대화를 듣고 대답하십시오.

1) ③
2) ②

3-1 학생회관

I. 준비해 봅시다

1) O　2) X　3) X　4) O

II. 읽어 봅시다

1. 1) ③　2) ②　3) ①
2. 1) X　2) X　3) X
3. 1) 학생회관 옆　2) 기숙사 안

III. 들어 봅시다

1. 1) ①　2) ②　3) ①　4) ①
2. 1) 은행　2) 편의점　3) 서점　4) 사무실
3. 1) X　2) X
4. 뒤, 안
5. 1) ①, ③　2) 사무실 옆
6. 사무실 옆
   지도는 없습니다.

3-2 우리 학교

I. 준비해 봅시다

1) ②　2) ①　3) ①　4) ②

II. 읽어 봅시다

1. 1) ②　2) ③　3) ①
2. 1) ○　2) X　3) X
3. 1) 도서관과 학생회관이　2) 가게가

III. 들어 봅시다

1. 1) ①　2) ②　3) ①　4) ②
2. 1) ②　2) ①　3) ④　4) ③
3. 1) X　2) ○
4. 큽니까?, 침대하고 책상이
5. 1) ④　2) 조용합니다.
6. 은행하고 커피숍이 있습니다.
   시끄럽습니다.

4-1 친구

I. 준비해 봅시다

1) O (책을 읽습니다.)　2) X (칠판을 봅니다.)
3) O (이름을 씁니다.)　4) O (공책을 삽니다.)

II. 읽어 봅시다

1. 1) ②　2) ①　3) ①　4) ②
2. 1) O　2) X　3) X
3. 1) 미국　2) 한국말을

III. 들어 봅시다

1. 1) ②　2) ①　3) ④　4) ③
2. 1) ②　2) ①　3) ②　4) ②
3. 1) X　2) X
4. 누구, 왔습니까?

5. 1) ④ 2) 영어를
6. 기숙사 친구입니다.
저는 미국에서 왔습니다.

4-2 기숙사 친구

Ⅰ. 준비해 봅시다
1. 1) ④ 2) ② 3) ① 4) ③

Ⅱ. 읽어 봅시다
1. 1) ④ 2) ③ 3) ⑤ 4) ① 5) ②
2. 1) X 2) X 3) ○
3. 1) 방에서 2) 친구와 같이

Ⅲ. 들어 봅시다
1. 1) X 2) ○ 3) X 4) ○
2. 1) ② 2) ① 3) ② 4) ②
3. 1) ○ 2) X
4. 도서관에서, 같이
5. 1) ③ 2) 넓습니다.
6. 어디에서 산책을 합니까?
누구하고 같이

◆ 복습

1. 대화를 듣고 대답하십시오.
1) ②
2) ①
3) 한국말을 공부합니다.

2. 다음을 읽고 질문에 답하십시오.
1) ②
2) ④

5-1 고향

Ⅰ. 준비해 봅시다
1. 1) O 2) X 3) O 4) X

Ⅱ. 읽어 봅시다
1. 1) ② 2) ① 3) ③
2. 1) O 2) X 3) O
3. 1) 산과, 강이 2) 고향

Ⅲ. 들어 봅시다
1. 1) ③ 2) ④ 3) ② 4) ①
2. 1) 강 근처, 산책 2) 바다, 수영
3) 산, 등산 4) 호수, 수영
3. 1) O 2) X 3) O
4. 고향, (고향) 친구를
5. 1) ①, ③ 2) 놀고 싶어 합니다.
6. 어디에 갑니까?
무엇을 하고 싶습니까?

5-2 제주도

Ⅰ. 준비해 봅시다
1) ① 2) ② 3) ② 4) ①

Ⅱ. 읽어 봅시다
1. 1) ③ 2) ① 3) ②
2. 1) X 2) ○ 3) X
3. 1) 제주도 2) 친절합니다.

Ⅲ. 들어 봅시다
1. 1) ② 2) ① 3) ① 4) ②
2. 1) 깨끗하다, 아름답다 2) 넓다, 조용하다
3) 작다, 예쁘다 4) 친절하다, 재미있다
3. 1) X 2) X 3) ○
4. 큽니까?, 아름답습니다.
5. 1) ② 2) 복잡하지 않습니다.
6. 고향이 어디입니까?
깨끗하고 조용합니다.

6-1 수업 시간

Ⅰ. 준비해 봅시다
1) ② (한 시입니다.) 2) ③ (열한 시입니다.)
3) ④ (여덟 시 반입니다) 4) ① (아홉 시입니다.)

Ⅱ. 읽어 봅시다
1. 1) ② 2) ④ 3) ① 4) ③
2. 1) O 2) X 3) X
3. 1) 8시에 2) 9시에

Ⅲ. 들어 봅시다
1. 1) ② 2) ① 3) ① 4) ②
2. 1) ③-㉰ 2) ①-㉯ 3) ④-㉮ 4) ②-㉱
3. 1) O 2) X
4. 4시까지, 5시 반에
5. 1) ③ 2) 6시에 숙제를 합니다.
6. 오후에 무엇을 합니까?
6시에는 무엇을 합니까?

6-2 학교생활

Ⅰ. 준비해 봅시다
1) ③ 2) ② 3) ①

Ⅱ. 읽어봅시다
1. 1) ③ 2) ④ 3) ② 4) ①
2. 1) X 2) X 3) ○
3. 1) 9시 50분부터 10시까지
2) 편의점에

Ⅲ. 들어봅시다
1. 1) ② 2) ① 3) ④ 4) ③
2. 1) ① 2) ③ 3) ② 4) ④

3. 1) X　2) O
4. 3시 30분, 기다릴까요?
5. 1) ②　2) 472 번
6. 472 번 버스가 백화점에 갑니다.
여기에서 타십시오.

◆ 복습

1. 다음을 읽고 질문에 답하십시오.
1) ①
2) ③
3) ㉮:(잘) ㉯:(같이)

2. 대화를 듣고 대답하십시오.
1) ③
2) ④

7-1 음식

Ⅰ. 준비해 봅시다
1) ② (저는 냉면을 좋아합니다.)
2) ④ (저는 김치찌개를 좋아합니다.)
3) ① (저는 삼계탕을 좋아합니다.)
4) ③ (저는 닭갈비를 좋아합니다.)

Ⅱ. 읽어 봅시다
1. 1) ③　2) ②　3) ①
2. 1) X　2) O　3) O
3. 1) 요리를　2) 오늘 한식(비빔밥)을

Ⅲ. 들어 봅시다
1. 1) ②　2) ①　3) ①　4) ②
2. 1) ③　2) ④　3) ②　4) ①
3. 1) O　2) X　3) X
4. 무슨 음식을, 만듭니까?
5. 1) ②　2) (윤아 씨는) 유자차를
6. 무슨 커피를
시고 답니다.

7-2 음식 주문

Ⅰ. 준비해 봅시다
1) X　2) O　3) X　4) O　5) X

Ⅱ. 읽어 봅시다
1. 1) ②　2) ③　3) ①
2. 1) X　2) O　3) X
3. 1) 10층　2) 한 판, 두 잔을

Ⅲ. 들어 봅시다
1. 1) ③　2) ④　3) ①　4) ②
2. 1) ②　2) ③　3) ④　4) ①
3. 1) O　2) O　3) X
4. 먹고 싶습니까?, 먹을까요?
5. 1) ③　2) 갈비하고 냉면을 먹습니다.
6. 갈비를 먹을까요?
갈비 2인분하고 냉면 하나

8-1 10월

Ⅰ. 준비해 봅시다
1) ② (삼월 사 일에 수영을 해요.)
2) ① (유월 육 일은 월요일이에요.)
3) ① (팔월 이십 일은 리타오 씨 생일이에요.)
4) ② (금요일 오전에 한국 친구를 만나요.)

Ⅱ. 읽어 봅시다
1. 1) ②　2) ①　3) ③
2. 1) O　2) O　3) X
3. 1) 10월 9일이에요.　2) 10월 16일에 한국에 와요.

Ⅲ. 들어 봅시다
1. 1) ③　2) ②　3) ④　4) ①
2. 1) ①　2) ②　3) ②　4) ②
3. 1) X　2) O　3) O
4. 금요일, 생일이에요.
5. 1) ①　2) 토요일에 같이 공부해요.
6. 언제 시험을 봐요?
무슨 요일이에요?

8-2 하루 생활

Ⅰ. 준비해 봅시다
1) ③ (윤아 씨가 11시에 자요.)
2) ④ (윤아 씨가 세수해요.)
3) ② (윤아 씨가 7시에 일어나요.)
4) ① (윤아 씨가 이를 닦아요.)

Ⅱ. 읽어 봅시다
1. (⑦)-(①)-(④)-(⑤)-(②)-(⑧)-(⑥)-(③)
2. 1) X　2) X　3) O
3. 1) 9시까지　2) 일이 끝나고

Ⅲ. 들어 봅시다
1. 1) ②　2) ①　3) ④　4) ③
2. 1) (①)→(④)　2) (②)→(⑥)
3) (⑤)→(⑦)　4) (③)→(⑧)
3. 1) X　2) O
4. 끝나고, 대사관에 가요.
5. 1) ③　2) 저녁을 먹어요.
6. 오늘은 하지 않아요.
공원에서 좀 걸어요.

◆ 복습

1. 1) ②　2) ③
3) ① 삼겹살, 5 인분　② 냉면, 3 그릇

2. 1) (③)→(①)→(④)→(⑤)→(②)
2) ③

9-1 주말

Ⅰ. 준비해 봅시다

1) O 2) X 3) O 4) X

Ⅱ. 들어 봅시다

1. 1) ② 2) ① 3) ④ 4) ③
2. 1) 축구 2) 날씨 3) 음식 4) 도서관
3. 1) O 2) O 3) X
4. 치러, 비싸지만
5. 1) ④
2) 주말에 수영장
작지만 깨끗합니다.
6. 운동을 해요.
농구를 하러 공원에 자주 가요.

Ⅲ. 읽어 봅시다

1. 1) ① 2) ③ 3) ②
2. 1) O 2) O 3) X
3. 1) 축구, 농구 2) 서핑, 스키를 탑니다.

9-2 주말 계획

Ⅰ. 준비해 봅시다

1) O 2) X 3) X 4) O

Ⅱ. 읽어 봅시다

1. 하늘: (③) → (⑤) → (①)
존: (②) → (④)
2. 1) O 2) X 3) O
3. 1) 점심을 먹고 노래방에 갈 거예요.
2) 여자 친구하고

Ⅲ. 들어 봅시다

1. 1) ③ 2) ① 3) ④ 4) ②
2. 1) ② 2) ③ 3) ④ 4) ①
3. 1) O 2) O 3) X
4. 공부할 거예요, 시끄럽지 않아요.
5. 1) ① 2) 아주 아름다워요.
6. 갈 거예요.
수영도 할 거예요.

10-1 일기

Ⅰ. 준비해 봅시다

1) O 2) O 3) O 4) X

Ⅱ. 읽어 봅시다

1. 1) ① 2) ① 3) ② 4) ②
2. 1) X 2) O 3) O
3. 1) 많고 복잡했습니다. 2) 인사동에 안 갔습니다.

Ⅲ. 들어 봅시다

1. 1) ② 2) ① 3) ① 4) ②
2. 1) ③ 2) ② 3) ④ 4) ①
3. 1) X 2) O 3) X
4. 어땠어요?, 맛있었어요
5. 1) ② 2) 생선회를 먹었어요.
6. 지난 주말에 뭘 했어요?
제주도 여행이 어땠어요?

10-2 리타오의 하루

Ⅰ. 준비해 봅시다

1) 영화표, 기차표, 콘서트 표 2) 식당, 호텔

Ⅱ. 들어 봅시다

1. 1) ① 2) ④ 3) ③ 4) ②
2. 1) ③ 2) ① 3) ④ 4) ②
3. 1) X 2) O 3) O
4. 보지 못했어요, 일이 많아서
5. 1) ② 2) 남대문시장을 구경했습니다.
6. 부산에 가지 못했어요.
그럼 주말에 뭘 했어요?

Ⅲ. 읽어 봅시다

1. 1) ③ 2) ④ 3) ② 4) ①
2. 1) X 2) O 3) X
3. 1) 늦게 일어나서 2) 식당에 사람이 많아서

◆ 복습

1. 다음을 읽고 질문에 답하십시오.

1) ②
2) ㉮:(그렇지만) ㉯:(그래서)
3) ③

2. 대화를 듣고 대답하십시오.

1) ③
2) ①

색인

어휘 색인

Chinese Version

새 연세한국어 듣기와 읽기 1-1

별책부록

新延世韩国语 听力与阅读

연세대학교 한국어학당 편

연세대학교 출판문화원

前言

延世大学韩国语学堂是在1959年成立的韩国最早的外国人韩国语教育机构。延世大学韩国语学堂为了满足此前的历史和名声，编纂了各种韩语教材，同时不断 相关的研究。迄今为止，我校对全世界约147个国家的14万名韩国语学生进行了韩语和韩国文 化的教育，最近不仅在线下进行韩语教育，还为世界各国的学生开设了全球性的“大型开放式网络课程（MOOC讲座)”，受到了广大学生的热烈响应。尤其是根据最近以飞快的速度变化的教育环境，为开发新的教学 方法和教学资料等等而在进行不断地努力。

延世大学韩国语学堂一直以来都是不仅针对普通目的的韩国语学生，同时针对特殊目的的韩国语学生，开设正规课程、短期课程、大学韩语课程等多种教育课程，并开发出满足学生要求的最佳教材。这些教材目前被广泛使用在国内外的韩国语教育机构中，满足教师和学生的多种要求。

延世大学韩国语学堂是继此前一直受到最大好评的"延世韩国语"1级~6级之后，发行的新系列韩语教材——《新延世韩国语》。为了开发此教材，将韩语教育现场经验丰富的专业韩语教育学者及教师们大批地投入到了其中，并以最佳的韩语教学方法和学生群体的理解为基础，经过长期的开发，完成了开发工作。

此次出版的《新延世韩国语》系列共6个阶段，每个阶段由词汇与语法教材、口语与写作教材、听力与阅读教材几部分构成。‘新延世韩国语词汇与语法’是以每个阶段韩国语学生必须熟练掌握的主要词汇和语法的理解和活用为中心而构成。‘新延世韩国语口语与写作’是为了能够灵活运用韩语进行语言沟通，主要以口语、写作练习题构成。另外，‘新延世韩国语听力与阅读’是以听力、阅读练习题为中心，来培养出符合各级别熟练程度的理解能力。这三本教材可以为培养词汇·语法、表达、理解能力作为一系列的教材同时使用，也可以根据教育现场条件或学 生的要求另行使用。此外在词汇与语法教材中，另外附有指南书，这对于教育经验不足的国内 外的韩国语教师来说，可以成为有用的向导。

延世大学韩国语学堂今后也将致力于开发符合全世界韩国语学生要求并不辜负期待的韩国语教材。同时希望本教材在国内外能为韩国语教育付出努力的教师们和为了学习韩语而努力的所有学生都能给予帮助。

延世大学语言研究教育院

韩国语学堂教材编纂委员会

凡例

1. 本教材与《新延世韩国语1词汇与语法》、《新延世韩国语1口语与写作》同时出版，是为韩国语初级者而编撰的教材。

2. 本教材是为了培养韩国语初级者在听读两方面对韩国语的理解能力而研发的理解能力教材。

3. 本教材共由20课组成，每课分2项，共由40项构成。另外有10项复习部分，在每2课结束时进行复习。每一项的上课内容各50分钟，本教材共由50项构成。教材的第一部分对韩字进行了介绍，每2项结束会有介绍韩国文化的部分。

4. 本教材每项由“题目、学习目标、准备一下、读一读(听一听)、听一听(读一读)、请跟着我读、整理一下”5个部分构成。理解教材的每一项都由听力和阅读的技能构成，根据每单元的内容不同听力练习和阅读练习的顺序有所不同。

5. 每课的题目与《新延世韩国语1词汇与语法》相同，但是每项的题目以能代表该项的主要内容作为题目，并且在题目的旁边设有QR码，能便捷地确认录音内容。

6. 学习目标部分，列出了“能理解~”，“能理解~相关的内容”等关于理解技能的内容。

7. “准备一下”部分，作为每项的开始部分，为了能更好地理解该单元的阅读和听力内容而做准备。由该单元学习内容和与其有关的重要单词练习构成。但是并不是单纯的单词练习，而是为了能更好地反应出理解教材的特征，使在句子和段落里接触这些单词来帮助学生们理解。

8. “读一读”部分，根据初级阶段的学习目标，将重点放在提高日常生活的书面语沟通能力上，阅读与日常生活有关的内容(便条、简单的说明文和说明文)理解其内容的形式较多。

9. "听一听" 部分, 通过练习口语培养能运用在日常生活中的语言沟通能力。听力文本以单个句子的形式开始, 然后伸展到短对话, 最后到长对话, 按照从短到长, 从容易到难的顺序练习。特别需要注意的是第三个和第四个练习部分的第二题是通过听录音填空的方法使学生们能准确地理解听到的内容, 所以在做前一题的练习时不能让学生看下二题的内容。

10. "请跟着我读" 部分, 是为了练习发音的部分, 对于阅读文本或听力文本里有音韵变化或学生们容易错误的发音, 每单元选出相同规则发音的2个单词, 并一起备注本文的句子。

11. "整理一下" 部分, 是学生们对该课的内容进行确认和检查的部分, 同时通过对其他语言能力的综合性教育来起到强化语言能力的作用。该部分由能同时练习听、说、读、写四个技能的内容构成。

12. "复习"部分, 由阅读和听力两部分构成, 帮助学生们更好地运用前2课学习的单词和语法等内容。把焦点放在听力和阅读集中其中一方面上, 连接其他技能, 促进各技能的综合性学习。

13. "文化" 部分, 在复习项的最后一部分, 配有文化资料和插图。文化部分中, 选择了符合理解教材的内容, 主要以信息文化而构成。

14. "韩文" 部分, 通过读辅音元音、读单词、读句子、听力等几部分培养辨别音素的能力。

15. "附录"部分, 提供了标准答案和词汇索引, "别册" 部分, 同时提供了阅读译文和听力文本及译文。

单元构成

单元	题目	学习目标	语法	文化 (复习项)
韩文字母	韩文字母1	元音和辅音		
	韩文字母2	元音和辅音		
	韩文字母3	收音和阅读练习		
第一课 问候和介绍	<1> 问候	能理解名字和国籍。	입니다 은/는[1]	名字
	<2> 职业	能理解职业。	입니까? 이/가 아닙니다	
第二课 物品	<1> 教室物品	能理解与教室物品相关的内容。	이, 그, 저 이/가	
	<2> 我的东西	能理解与个人物品相关的内容。	이/가 있습니다(없습니다) 도	
第三课 学校	<1> 学生会馆	能理解与位置相关的内容。	에 있습니다(없습니다) (位置) 은/는[2] (比较•对照)	朋友
	<2> 我们学校	能理解描述学校设施的内容。	과/와(하고) -습니다, -습니까?	
第四课 朋友	<1> 朋友	能理解介绍朋友的内容。	에서 오다 을/를	
	<2> 宿舍的朋友	能理解场所和与其相关的行动。	에서 과/와 같이(하고 같이)	
第五课 家乡	<1> 家乡	能理解介绍家乡的内容。	에 가다 -고 싶다	手指数数
	<2> 济州岛	能理解描述家乡的内容。	-지 않다 -고[1] (列举)	

单元	题目	学习目标	语法	文化 (复习项)
第六课 学校生活	<1> 上课时间	能理解与上课和日程相关的内容。	에[1] (时间) 부터 까지	手指数数
	<2> 学校生活	能理解数字和提建议的表达方式。	-으십시오 -을까요?[1]	
第七课 饮食	<1> 饮食	能理解与饮食相关的内容。	무슨 ㄹ동사	餐桌的 摆放
	<2> 点菜	能理解点菜的状况。	-을까요?[2] (提建议) -읍시다	
第八课 一天的生活	<1> 10月	能理解与日期和星期相关的内容。	-이에요 -어요	
	<2> 一天的生活	能理解一天里所发生的 事情的相关内容。	-고[2] (时间顺序) ㄷ동사	
第九课 周末	<1> 周末	能理解周末活动的相关内容。	-으러 -지만	登山
	<2> 周末计划	能理解周末计划的相关内容。	-을 거예요 ㅂ동사	
第十课 过去的事	<1> 日记	能理解过去所做的事。	-었어요 안	
	<2> 李涛的一天	能理解过去没能成做的事。	-지 못하다 -어서[1] (理由)	

目录

第一课

<1> 问候

学习目标: 能理解名字和国籍。

词汇

인사 问候	한국 韩国
미국 美国	브라질 巴西
일본 日本	중국 中国
호주 澳大利亚	프랑스 法国
안녕하십니까 你好	저[1] 我
영국 英国	사람 人
제 我的	이름 名字
국적 国籍	네 是的
베트남 越南	러시아 俄罗斯
케냐 肯尼亚	캐나다 加拿大
노르웨이 挪威	

- **读一读**

你好。
我叫杰姆斯。
我是英国人。

- **听一听**

1.

(1) 흐엉은 베트남 사람입니다.
香是越南人。

(2) 레오는 프랑스 사람입니다.
利欧是法国人。

(3) 마이클은 미국 사람입니다.
迈克尔是美国人。

(4) 빌리는 캐나다 사람입니다.
比利是加拿大人。

2.

(1) 저는 리타오입니다. 중국 사람입니다.
我叫李涛。我是中国人。

(2) 저는 올리비아입니다 호주 사람입니다.
我叫奥莉维亚。我是澳大利亚人。

(3) 저는 정하늘입니다. 한국 사람입니다.
我叫郑天空。我是韩国人。

(4) 저는 존입니다. 케냐 사람입니다.
我叫约翰。我是肯尼亚人。

3~4.

주앙: 안녕하십니까?
胡安: 你好!

유키: 네, 안녕하십니까? 저는 유키입니다. 일본 사람입니다.
由希: 嗯, 你好! 我叫由希。我是日本人。

주앙: 저는 최주앙입니다. 브라질 사람입니다
胡安: 我叫崔胡安。我是巴西人。

5~6.

노라: 안녕하십니까?
诺拉: 你好!

리타오: 네, 안녕하십니까?
李涛: 嗯, 你好!

노라: 저는 노라입니다.
诺拉: 我叫诺拉。

리타오: 제 이름은 리타오입니다. 중국 사람입니다.
李涛: 我的名字叫李涛。我是中国人。

노라: 저는 노르웨이 사람입니다.
诺拉:我是挪威人。

<2> 职业

学习目标: 能理解职业。

词汇

간호사 护士	배우 演员
교수 教授	경찰 警察
씨 用于姓或名字之后, 表示尊敬。	
친구 朋友	기자 记者
가수 歌手	직업 职业
무엇 什么	회사원 公司职员
대학생 大学生	은행원 银行职员
요리사 厨师	의사 医生
독일 德国	어느 哪(个)
아니요 不	

- **读一读**

杰西卡是我的朋友。
她不是美国人, 是澳大利亚人。
她是记者。

- **听一听**

1.

(1) 저는 회사원이 아닙니다. 대학생입니다.
我不是公司职员, 是大学生。

(2) 저는 은행원이 아닙니다. 요리사입니다.
我不是银行职员, 是厨师。

(3) 저는 의사가 아닙니다. 간호사입니다.
我不是医生, 是护士。

(4) 저는 배우가 아닙니다. 가수입니다.
我不是演员。是歌手。

2.

(1) 가: 리타오입니까?
甲: 是李涛吗?
나: 네, 리타오입니다.
乙: 是的, 是李涛。

(2) 가: 영국 사람입니까?
甲: 是英国人吗?
나: 아니요, 독일 사람입니다.
乙: 不是, 是德国人。

(3) 가: 교수입니까?
　甲: 是教授吗?
　나: 아니요, 요리사입니다.
　乙: 不是, 是厨师。

(4) 가: 기자입니까?
　甲: 是记者吗?
　나: 네, 기자입니다.
　乙: 是的, 是记者

3~4.

가: 마리아 씨는 영국 사람입니까?
甲: 玛利亚(你)是英国人吗?
나: 아니요, 저는 러시아 사람입니다.
乙: 不是, 我是俄罗斯人。
가: 가수입니까?
甲: (你)是歌手吗?
나: 아니요. 저는 가수가 아닙니다. 배우입니다.
乙: 不是, 我不是歌手, 我是演员。

5~6.

가: 안녕하십니까?
甲: 你好!
나: 네, 안녕하십니까?
乙: 嗯, 你好!
가: 리타오 씨는 베트남 사람입니까?
甲: 李涛(你)是越南人吗?
나: 아니요, 저는 베트남 사람이 아닙니다. 중국 사람입니다.
乙: 不是, 我不是越南人, 是中国人。
가: 회사원입니까?
甲: 是公司职员吗?
나: 아니요, 저는 회사원이 아닙니다. 학생입니다.
乙: 不是, 我不是公司职员。我是学生。

第二课

<1> 教室物品

学习目标: 能理解与教室物品相关的内容。

词汇

교실 教室	물건 东西, 物品
시계 手表, 钟	달력 日历
그림 画	우리 我们
이것 这个(东西)	책상 桌子
저[2] 那	저것 那个(东西)
지도 地图	지우개 橡皮
의자 椅子	칠판 黑板
옷걸이 衣架	컴퓨터 电脑
그것 那个(东西))	

- **读一读**

这是我们的教室。
这张是我的桌子, 那张是老师的桌子。
那个是韩国地图。

- **听一听**

1.

(1) 이것이 책상입니다.
　这个是书桌

(2) 이 지우개가 칠판 지우개입니다.
　这个擦子是黑板擦。

(3) 그것이 칠판입니다.
　那个是黑板。

(4) 저 의자가 선생님 의자입니다.
　那把椅子是老师的椅子。

2.

(1) 가: 이것이 시계입니까?
　甲: 这个是手表吗?
　나: 네, 시계입니다.
　乙: 是的, 是手表。

(2) 가: 저것이 무엇입니까?
　甲: 那个是什么?
　나: 옷걸이입니다.
　乙: 是衣架。

(3) 가: 그것이 무엇입니까?
　甲: 那个是什么?
　나: 이것이 컴퓨터입니다.
　乙: 这个是电脑。

(4) 가: 이것이 그림입니까?
　甲: 那是画吗?
　나: 아니요, 그림이 아닙니다. 달력입니다.
　乙: 不是, 不是画。是日历。

3~4.

가: 이것이 유키 씨 의자입니까?
甲: 这是由希(你)的椅子吗?
나(유키): 아니요, 제 의자가 아닙니다. 레오 씨 의자입니다.
乙(由希): 不是, 不是我的椅子。是利欧的椅子。
가: 저 의자가 유키 씨 의자입니까?
甲: 那把椅子是由希(你)的椅子吗?
나(유키): 네, 저것이 제 의자입니다.
乙(由希): 是, 那是我的椅子。

5~6.

가: 유키 씨 교실입니까?
甲: (这)是由希(你们)的教室吗?
나(유키): 네, 우리 교실입니다.
乙(由希): 是的, 是我们的教室。
가: 저것이 달력입니까?
甲: 那个是日历吗?
나(유키): 아니요, 달력이 아닙니다. 지도입니다.
乙(由希): 不是, 不是日历, 是地图。
가: 저 지도가 한국 지도입니까?
甲: 那幅地图是韩国地图吗?
나(유키): 네, 한국 지도입니다.
乙(由希): 是的, 是韩国地图。

<2> 我的东西

学习目标：能理解与个人物品相关的内容。

词汇

연필 铅笔	가방 书包
지갑 钱包	휴대전화 手机
휴지 纸巾	안경 眼镜
있다 有, 在	돈 钱
볼펜 圆珠笔	우산 雨伞
없다 没有, 不在	텔레비전 电视
과자 饼干	주스 果汁
물 水	모자 帽子

- **读一读**

这是香的书包。
有钱包，还有手机。
那个是由希的书包。
有眼镜，还有纸巾。

- **听一听**

1.

(1) 가방이 있습니다.
有书包。

(2) 컴퓨터가 있습니다.
有电脑。

(3) 돈이 있습니다.
有钱。

(4) 시계가 있습니다.
有钟。

2.

(1) 책상이 있습니다. 의자도 있습니다.
有桌子，也有椅子。

(2) 지갑이 있습니다. 우산도 있습니다.
有钱包，也有雨伞。

(3) 연필이 있습니다. 지우개도 있습니다.
有铅笔，也有橡皮。

(4) 컴퓨터가 있습니다. 시계가 없습니다.
有电脑，没有钟。

3~4.

가: 레오 씨, 컴퓨터가 있습니까?
甲: 利欧，(你)有电脑吗？

나(레오): 네, 컴퓨터가 있습니다.
乙(利欧): 嗯，有电脑。

가: 텔레비전도 있습니까?
甲: 也有电视吗？

나(레오): 아니요, 없습니다.
乙(利欧): 不，没有(电视)。

5~6.

가: 올리비아 씨, 과자가 있습니까?
甲: 奥莉维亚，(你)有饼干吗？

나(올리비아): 네, 과자가 있습니다.
乙(奥莉维亚): 嗯，有饼干。

가: 주스도 있습니까?
甲: 也有果汁吗？

나(올리비아): 네, 주스도 있습니다.
乙(奥莉维亚): 嗯，也有果汁。

가: 물도 있습니까?
甲: 也有水吗？

나(올리비아): 아니요, 물은 없습니다.
乙(奥莉维亚): 不，没有水。

第一课 - 第二课　复习

第一课 - 第二课 词汇

여기 这里, 这儿

I.

你好。
我的名字叫李涛。我是中国人。
这是我们的教室。
我们的教室里有地图，还有画。
这张是我的桌子，那张桌子是老师的桌子。

II.

가: 리타오 씨는 학생입니까?
甲: 李涛(你)是学生吗?

나(리타오): 네, 저는 한국어학당 학생입니다.
乙(李涛): 是的，我是韩国语学堂的学生。

가: 여기가 리타오 씨 교실입니까?
甲: 这里是李涛(你们)的教室吗？

나(리타오): 네, 우리 교실입니다.
乙(李涛): 是的，是我们的教室。

가: 이 책상이 리타오 씨 책상입니까?
甲: 那张桌子是李涛(你)的桌子吗？

나(리타오): 아니요, 그것은 제 책상이 아닙니다.
선생님 책상입니다.
乙(李涛): 不，那个不是我的桌子，是老师的桌子。

韩国的文化：名字

通常韩国人的名字有三个字，一个是姓，其他两个是名。在写名字的时候，先写姓，再写名。偶尔也有姓是两个字，或者名是一个字或三个字的情况。韩国的姓总共有270个左右，其中"金"是最大的姓氏，接着是"李"，"朴"和"崔"。

홍길동 홍(姓) 길동(名)	선우재희 선우(姓) 재희(名)
박철 박(姓) 철(名)	김빛나리 김(姓) 빛나리(名)

第三课

<1> 学生会馆

学习目标: 能理解与位置相关的内容。

词汇

어디 哪儿, 哪里
인형 娃娃
앞 前面
위 上, 上面
기숙사 宿舍
편의점 便利店
우체국 邮局
서점 书店
사무실 办公室
학생회관 学生会馆
안 里, 里面
옆 旁边
도서관 图书馆
식당 食堂, 餐厅
은행 银行
화장실 洗手间
문구점 文具店
뒤 后, 后面

• **读一读**

这是学生会馆。
图书馆在学生会馆前面。
宿舍在学生会馆旁边。
宿舍里面有食堂, 还有便利店。

• **听一听**

1.

(1) 가방이 책상 위에 있습니다.
书包在桌子上。

(2) 휴대전화가 가방 안에 있습니다.
手机在书包里。

(3) 에릭이 타오 앞에 있습니다.
埃里克在涛前面。

(4) 레오가 유키 옆에 있습니다.
利欧在由希旁边。

2.

(1) 은행이 있습니다. 우체국은 없습니다.
有银行, 没有邮局。

(2) 편의점이 있습니다. 화장실은 없습니다.
有便利店, 没有洗手间。

(3) 서점이 있습니다. 문구점은 없습니다.
有书店, 没有文具店。

(4) 사무실이 있습니다. 교실은 없습니다.
有办公室, 没有教室。

3~4.

가: 기숙사가 어디에 있습니까?
甲: 宿舍在哪里?

나: 학생회관 뒤에 있습니다.
乙: 在学生会馆后面。

가: 서점은 어디에 있습니까?
甲: 书店在哪里?

나: 학생회관 안에 있습니다.
乙: 在学生会馆里面。

5~6.

가: 에릭 씨, 교실이 어디에 있습니까?
甲: 埃里克, 教室在哪里?

나(에릭): 사무실 옆에 있습니다.
乙(埃里克): 在办公室旁边。

가: 교실 안에 무엇이 있습니까?
甲: 教室里有什么?

나(에릭): 책상이 있습니다. 의자도 있습니다.
乙(埃里克): 有桌子, 也有椅子。

가: 지도도 있습니까?
甲: 也有地图吗?。

나(에릭): 아니요, 지도는 없습니다.
乙(埃里克): 不, 没有地图。

<2> 我们学校

学习目标: 能理解描述学校设施的内容。

词汇

작다 小
날씨 天气
나쁘다 不好, 坏
아주 非常
크다 大
적다 少
방 房间
옷장 衣柜
근처 附近
조금 有点儿, 稍微
많다 多
덥다 热
넓다 宽
조용하다 安静
가게 店, 商店
좋다 好
하고 和, 跟
시끄럽다 吵闹
커피숍 咖啡厅
어떻다 怎么, 怎么样

• **读一读**

我们学校很大。
学生也很多。
学校里有图书馆和学生会馆。
图书馆非常安静。
学生会馆很大。
学生会馆里面还有很多小店。

• **听一听**

1.

(1) 볼펜과 공책이 많습니다.
圆珠笔和笔记本很多。

(2) 기숙사와 도서관이 큽니다.
宿舍和图书馆很大。

(3) 지갑하고 휴대전화가 있습니다.
有钱包和手机。

(4) 학생회관 안에 우체국하고 은행이 있습니다.
学生会馆里有邮局和银行。

2.

(1) 날씨가 좋습니까?
天气好吗?

(2) 도서관에 사람이 많습니까?
图书馆人多吗?

(3) 기숙사가 시끄럽습니까?
宿舍吵吗?

(4) 학생식당이 작습니까?
学生食堂小吗?

3~4.

가: 윤아 씨, 기숙사 방이 큽니까?
甲: 允儿, 宿舍的房间大吗?

나(윤아): 아니요, 방이 작습니다.
乙(允儿): 不, 房间(很)小。

가: 방에 무엇이 있습니까?
甲: 房间里有什么?

나(윤아): 침대하고 책상이 있습니다. 옷장도 있습니다.
乙(允儿): 有床和桌子, 也有衣柜。

5~6.

가: 유키 씨, 사무실 근처에 무엇이 있습니까?
甲: 由希, 办公室附近有什么?

나(유키): 은행하고 커피숍이 있습니다.
乙(由希): 有银行和咖啡厅。

가: 커피숍에 사람이 많습니까?
甲: 咖啡厅人多吗?

나(유키): 네, 사람이 많습니다. 조금 시끄럽습니다.
乙(由希): 嗯, 人(很)多, 有点吵。

가: 은행은 어떻습니까?
甲: 银行怎么样?

나(유키): 은행은 사람이 적습니다. 조용합니다.
乙(由希): 银行人(很)少, (很)安静。

第四课

<1> 朋友

学习目标: 能理解介绍朋友的内容。

词汇

책 书	공책 笔记本
읽다 读	보다[1] 看
쓰다 写	사다 买
한국말 韩语	배우다 学
자주 经常	만나다 见面
가르치다 教	버스 公共汽车
기다리다 等	빵 面包
먹다 吃	커피 咖啡
마시다 喝	누구 谁
영어 英语	

• **读一读**

这是我的朋友迈克尔。
迈克尔是大学生。
他来自美国。
他在学习韩语。
迈克尔朋友很多。
他经常见朋友。

• **听一听**

1.

(1) 에릭 씨는 버스를 기다립니다.
埃里克在等公共汽车。

(2) 하늘 씨는 빵을 먹습니다.
天空在吃面包。

(3) 리타오 씨는 사진을 봅니다.
李涛在看照片。

(4) 우진 씨는 커피를 마십니다.
宇振在喝咖啡。

2.

(1) 가: 존 씨는 미국에서 왔습니까?
甲: 约翰是从美国来的吗?
나: 아니요, 케냐에서 왔습니다.
乙: 不是, (他)是从肯尼亚来的。

(2) 가: 마틴 씨는 어디에서 왔습니까?
甲: 马丁是从哪里来的?
나: 호주에서 왔습니다.
乙: 是从澳大利亚来的。

(3) 가: 마리아 씨가 책을 삽니까?
甲: 玛利亚(你)买书吗?
나: 네, 책을 삽니다.
乙: 嗯, 买的。

(4) 가: 흐엉 씨가 무엇을 합니까?
甲: 香在干什么?
나: 텔레비전을 봅니다.
乙: 在看电视。

3~4.

가: 올리비아 씨, 저 사람이 누구입니까?
甲: 奥莉维亚, 那个人是谁?

나(올리비아): 레오 씨입니다. 제 친구입니다.
乙(奥莉维亚): (他)是利欧, 是我的朋友。

가: 레오 씨는 어디에서 왔습니까?
甲: 利欧是从哪里来的?

나(올리비아): 프랑스에서 왔습니다. 요리사입니다.
乙(奥莉维亚): 是从法国来的, 是厨师。

5~6.

가: 안녕하십니까? 스미스 씨. 이 사람은 제 기숙사 친구입니다.
甲: 你好, 史密斯。这位是我的宿舍的朋友。

나: 안녕하십니까? 저는 스미스입니다.
乙: 你好, 我叫史密斯。

다: 안녕하십니까? 저는 리나입니다. 일본에서 왔습니다.
丙: 你好, 我叫莉娜。(我)是从日本来的。

나: 저는 미국에서 왔습니다. 영어 선생님입니다.
乙: (我)是从美国来的。是英语老师。

<2> 宿舍的朋友

学习目标: 能理解场所和与其相关的行动。

词汇

아르바이트하다 打工　　공부하다 学习

피시방 网吧
찜질방 桑拿房
지금 现在
듣다 听
밥 饭
숙제하다 做作业
공원 公园
게임하다 玩游戏
이야기하다 说话, 聊天
음악 音乐
운동하다 做运动
빵집 面包店
혼자 独自, 一个人
산책하다 散步

• 读一读

这是杰姆斯的宿舍。
现在诺拉在房间里学习。
玛利亚在听音乐。
约翰和朋友一起在做运动。
杰姆斯在食堂吃饭。
李涛在看电视。

• 听一听

1.

(1) 친구와 같이 운동합니다.
和朋友一起做运动。

(2) 흐엉 씨와 같이 커피를 마십니다.
和香一起喝咖啡。

(3) 선생님하고 같이 밥을 먹습니다.
和老师一起吃饭。

(4) 친구하고 같이 노래합니다.
和朋友一起唱歌。

2.

(1) 교실에서 공부합니다.
在教室里学习。

(2) 빵집에서 빵을 삽니다.
在面包店买面包。

(3) 피시방에서 게임을 합니다.
在网吧玩游戏。

(4) 도서관에서 공부합니다.
在图书馆学习。

3~4.

가: 리타오 씨, 도서관에서 숙제를 합니까?
甲: 李涛, (你)在图书馆做作业吗?

나(리타오): 아니요, 커피숍에서 숙제를 합니다.
乙(李涛): 不, (我)在咖啡厅做作业。

가: 누구하고 같이 숙제합니까?
甲: 和谁一起做作业?

나(리타오): 하늘 씨하고 같이 합니다.
乙(李涛): 和天空一起做。

5~6.

가: 유키 씨, 어디에서 산책을 합니까?
甲: 由希, 你在哪里散步?

나(유키): 공원에서 산책을 합니다.
乙(由希): 在公园散步。

가: 누구하고 같이 산책을 합니까?
甲: 和谁一起散步?

나(유키): 노라 씨하고 같이 산책을 합니다.
乙(由希): 和诺拉一起散步。

가: 공원이 어떻습니까?
甲: 公园怎么样?

나(유키): 공원이 넓습니다.
乙(由希): 公园很大。

第三课 - 第四课 复习

第三课 – 第四课 词汇

분 位
이태원 梨泰院
일하다 工作
신촌 新村

I.

에릭: 레오 씨, 이 분은 누구입니까?
埃里克: 利欧, 那位是谁?

레오: 제 친구 다니엘입니다. 다니엘 씨는 저하고 같이 일합니다.
利欧: 是我的朋友丹尼尔。丹尼尔和我在一起工作。

에릭: 안녕하십니까? 다니엘 씨, 저는 에릭입니다. 미국에서 왔습니다.
埃里克: 你好, 丹尼尔, 我叫埃里克。(我)是从美国来的。

다니엘: 안녕하십니까? 에릭 씨, 에릭 씨는 무엇을 합니까?
丹尼尔: 你好, 埃里克, 您是做什么的?

에릭: 저는 회사원입니다.
埃里克: 我是公司职员。

다니엘: 에릭 씨도 한국말을 배웁니까?
丹尼尔: 埃里克(你)也在学韩语吗?

에릭: 네, 저도 한국말을 공부합니다.
埃里克: 是的, 我也在学韩语。

II.

我叫丹尼尔。
我来自澳大利亚。
我的职业是厨师。我和利欧在一起工作。
餐厅在梨泰院, 餐厅人很多。

韩国的文化: 朋友

大家韩国朋友多吗?大部分的外国朋友们相互变熟悉了之后, 都会把对方称作为"朋友"。而在韩国就算关系再亲近, 如果年龄不一样便不把对方称作为"朋友"。韩国人只把与自己同龄的人称作为"朋友"。如果比自己年龄大或者年龄小, 只能说是关系好的姐姐、哥哥、弟弟、妹妹。正因为如此现象韩国人际在交往时很看重年龄, 所以初次见面的时候都会先问对方的年龄。

第五课

<1> 家乡

学习目标: 能理解介绍家乡的内容。

词汇

고향 家乡	산 山
강 江	수영(을) 하다 游泳
가족 家人	음식 菜
바다 大海	병원 医院
호수 湖	산책 散步
등산 登山, 爬山	여자 女生
남자 男生	베이징 北京
놀다 玩	

• **读一读**

这里是我的家乡。
我的家乡有山。
我经常去山里。
山旁边有江。
我在江里游泳。
我的家乡天气很好。
我想回家乡。

• **听一听**

1.

(1) 학교에 갑니다.
去学校。

(2) 은행에 갑니다.
去银行。

(3) 백화점에 갑니다.
去百货商店。

(4) 병원에 갑니다.
去医院。

2.

(1) 강 근처에서 산책을 하고 싶습니다.
(我)想去江边散步。

(2) 바다에서 수영을 하고 싶습니다.
我想去海里游泳。

(3) 산에 등산을 가고 싶습니다.
我想去登山。

(4) 호수에서 수영하고 싶습니다.
我想去湖里游泳。

3~4.

가: 지금 어디에 갑니까?
甲: (你)现在去哪儿?

나: 저는 고향에 갑니다.
乙: 我回家乡去。

가: 고향에서 무엇을 하고 싶습니까?
甲: 想在家乡做什么?

나: 저는 친구를 만나고 싶습니다. 고향 음식도 먹고 싶습니다.
乙: 想见见朋友, 还想吃家乡菜。

5~6.

가: 타오 씨, 지금 어디에 갑니까?
甲: 涛, (你)现在去哪儿?

나(리타오): 중국 친구와 같이 고향에 갑니다. 제 고향은 중국 베이징입니다.
乙(李涛): 和我朋友一起回家乡去。我的家乡是中国北京。

가: 고향에서 무엇을 하고 싶습니까?
甲: 想在家乡做什么?

나(리타오): 저는 가족을 만나고 싶습니다. 학교 선생님도 만나고 싶습니다.
乙(李涛): 想见见家人, 还想见见我的老师。

가: 친구는 무엇을 하고 싶어합니까?
甲: 你朋友呢, 想做什么?

나(리타오): 친구는 고향 친구들과 놀고 싶어합니다.
乙(李涛): 他想和家乡的朋友们一起玩。

<2> 济州岛

学习目标: 能理解描述家乡的内容。

词汇

경치 风景	아름답다 美丽
더럽다 脏	복잡하다 复杂
바쁘다 忙	깨끗하다 干净
공기 空气	올레길 偶来小路
한라산 汉拿山	친절하다 亲切
한가하다 闲, 清闲	예쁘다 漂亮
재미있다 有意思	재미없다 没意思
대구 大邱	

• **读一读**

济州岛是我的家乡。
济州岛有海。
大海又干净又美丽。
济州岛空气很好, 而且不复杂。
那儿有偶来小路和汉拿山。
家乡的人们很亲切。
我很喜欢我的家乡。

• **听一听**

1.

(1) 방이 깨끗하지 않습니다.
房间不干净。

(2) 백화점이 복잡하지 않습니다.
百货商店不复杂。

(3) 날씨가 좋지 않습니다.
天气不好。

(4) 선생님이 바쁘지 않습니다.
老师不忙。

2.

(1) 호수가 깨끗하고 아름답습니다.
湖水很清澈, 也很美丽。

(2) 공원이 넓고 조용합니다.
公园既宽敞又安静。

(3) 가방이 작고 예쁩니다.
书包又小又漂亮。

(4) 선생님이 친절하고 재미있습니다.
老师又亲切又有趣。

3~4.

가: 레오 씨 고향에 강이 있습니까?
甲: 利欧(你)的家乡有江吗?

나(레오): 아니요, 제 고향에 강이 없습니다. 호수가 있습니다.
乙(利欧): 不, 我的家乡没有江。有湖。

가: 호수가 큽니까?
甲: 湖大吗?

나(레오): 네, 호수가 크고 아름답습니다.
乙(利欧): 嗯, 湖水很宽, 也很美丽。

5~6.

가: 우진 씨, 고향이 어디입니까?
甲: 宇振, 你的家乡是哪里?

나(우진): 제 고향은 대구입니다.
乙(宇振): 我的故乡是大邱。

가: 대구에 바다가 있습니까?
甲: 大邱有海吗?

나(우진): 아니요, 바다가 없습니다. 산과 강이 있습니다.
乙(宇振): 不, 大邱没有海, 有山和江。

가: 대구가 복잡합니까?
甲: 大邱复杂吗?

나(우진): 아니요, 복잡하지 않습니다. 깨끗하고 조용합니다.
乙(宇振): 不, 大邱不复杂, 很闲静。

第六课

<1> 上课时间

学习目标: 能理解与上课和日程相关的内容。

词汇

수업 课
하나(한) 一(个)
열하나 十一
반[1] 半
날마다 每天
시작하다 开始
오후 下午
몇 几
저녁 晚饭, 晚上
시간 时间, 小时
시 点
여덟 八
아홉 九
그리고 和, 并且, 然后
오전 上午
점심 午饭, 中午
언제 什么时候
영화 电影

• **读一读**

我每天八点去学校。
在学校的咖啡厅吃面包和喝咖啡。
然后八点半去教室。
九点老师来教室, 开始上课。
我从上午九点到下午一点学韩语。
一点半和朋友们一起吃午饭。

• **听一听**

1.

(1) 마이클 씨는 11시에 편의점에 갑니다.
迈克尔11点去便利店。

(2) 리에 씨는 5시에 숙제를 합니다.
梨衣5点做作业。

(3) 하늘 씨는 3시에 친구를 만납니다.
天空3点见朋友。

(4) 우진 씨는 8시 반에 회사에 갑니다.
宇振8点半去公司。

2.

(1) 에릭 씨는 1시부터 2시까지 점심을 먹습니다.
埃里克从1点到2点吃午饭。

(2) 제임스 씨는 1시 반부터 5시 반까지 한국말을 배웁니다.
杰姆斯从1点半到5点半学习韩语。

(3) 리타오 씨는 2시 반부터 3시 반까지 운동을 합니다.
李涛从2点半到3点半做运动。

(4) 유키 씨는 4시부터 6시까지 아르바이트를 합니다.
由希从4点到6点打工。

3~4.

가: 언제 숙제를 합니까?
甲: 什么时候做作业?

나: 3시부터 4시까지 숙제를 합니다.
乙: 3点到4点做作业。

가: 운동은 몇 시에 합니까?
甲: 几点做运动?

나: 5시 반에 합니다.
乙: 5点半。

5~6.

가: 노라 씨, 오후에 무엇을 합니까?
甲: 诺拉, (你)下午做什么?

나(노라): 3시부터 5시까지 아르바이트를 합니다.
乙(诺拉): 3点到5点打工。

가: 6시에는 무엇을 합니까?
甲: 6点做什么?

나(노라): 도서관에서 숙제를 합니다.
乙(诺拉): 去图书馆做作业。

가: 노라 씨와 같이 영화를 보고 싶습니다. 언제 시간이 있습니까?
甲: 我想和诺拉(你)一起看电影, 什么时候有时间?

나(노라): 저는 저녁에 시간이 있습니다.
乙(诺拉): 我晚上有时间。

<2> 学校生活

学习目标: 能理解数字和提建议的表达方式。

词汇

천 千
생활 生活
타다 坐(车)
쪽 页
호 号
백 百
번 路
여러분 大家, 各位
쉬다 休息
옷 衣服

• **读一读**

我在家门口坐2000路公共汽车。
8点40分来学校。
9点老师开始上课。

老师：大家请看160页。谁想读一下？
诺拉：老师，我来读吧？
老师：好的，诺拉你来读。

从9点50分到10点休息。
我们在那个时候去便利店。

• **听一听**

1.
(1) 책을 읽으십시오.
请读书。
(2) 의자에 앉으십시오.
请坐。
(3) 이름을 쓰십시오.
请写名字。
(4) 교실에 가십시오.
请去教室。

2.
(1) 몇 쪽을 읽을까요?
读第几页呢?
(2) 몇 시에 갈까요?
几点去呢?
(3) 몇 호에 갈까요?
去几号房间呢?
(4) 몇 번 버스를 탈까요?
坐几路车呢?

3~4.
레오: 선생님, 몇 시까지 학교에 올까요?
利欧: 老师, 我几点之前来学校呢?
선생님: 레오 씨, 오후 3시 30분까지 오십시오.
老师: 利欧, 下午三点半之前来吧。
레오: 어디에서 기다릴까요?
利欧: 在哪儿等您呢?
선생님: 도서관 앞에서 기다리십시오.
老师: 在图书馆前面等我。

5~6.
주앙: 윤아 씨, 몇 번 버스가 백화점에 갑니까?
胡安: 允儿, 几路公共汽车去百货商店?
윤아: 472번 버스가 백화점에 갑니다.
允儿: 472路去百货商店。
주앙: 어디에서 버스를 탑니까?
胡安: 在哪儿坐公共汽车呢?
윤아: 여기에서 타십시오. 백화점에서 무엇을 사고 싶습니까?
允儿: 在这儿坐, 你想去百货商店买什么?
주앙: 저는 옷을 사고 싶습니다. 윤아 씨는 어디에 갑니까?
胡安: 我想买衣服, 允儿你去哪儿?
윤아: 저는 커피숍에 갑니다.
允儿: 我去咖啡厅。

第五课 - 第六课　复习

第五课 – 第六课 词汇

한국어 韩语	문법 语法
어렵다 难	그렇지만 但是
가끔 偶尔	잘 好
단어 单词	도와주다 帮助
잘하다 擅长, (做得)好	

I.
我每天从9点到12点在便利店打工。
下午不上班。
然后1点30分去学校。
从2点到6点有韩语课。
韩语语法有点难, 作业也有点多。
但是老师们既亲切又教得好。
我偶尔和朋友们一起做作业。
晚上在体育馆学跆拳道。
跆拳道很有意思。

II.
가: 날마다 몇 시에 한국어를 공부합니까?
甲: 你每天几点学韩语?
나: 오전 9시부터 오후 1시까지 합니다.
乙: 从上午9点学到下午1点。
가: 한국어 공부가 어떻습니까?
甲: 学习韩语怎么样?
나: 단어도 어렵고 문법도 어렵습니다.
乙: 单词也难, 语法也难。
가: 제가 오후에 한국어 공부를 도와줄까요?
甲: 我下午帮你一起学习韩语如何?
나: 네, 도와주십시오. 한국말을 잘하고 싶습니다.
乙: 好啊, 帮帮我吧。我想学好韩语。

韩国的文化: 手指数数

在你们的国家, 大家都是怎么掰手指数数的呢?韩国人是张开巴掌, 从拇指开始依次数下去。折了拇指是1, 折了拇指和食指是2, 按照这样的方法5个手指都折起来的话就是5。从6开始到10的数法, 是在握紧的拳头上再依次把手指头翘起来数, 这个时候是先从小指头倒着开始数。

第七课

<1> 饮食

学习目标: 能理解与饮食相关的内容。

词汇

냉면 冷面	김치찌개 泡菜汤
삼계탕 参鸡汤	닭갈비 铁板鸡
요리 料理	만들다 做

오늘 今天
비빔밥 拌饭
머리 头发
아이 孩子
멀다 远
과일 水果
힙합 嘻哈
중국 음식 中国菜
맛있다 好吃
맛없다 不好吃
차[1] 茶
맛 味道
달다 甜
한식 韩国菜
불고기 烤肉
길다 长
집 家
일식 日本菜
사과 苹果
영화 电影
자장면 炸酱面
탕수육 糖醋肉
우유 牛奶
유자차 柚子茶
시다 酸

- **读一读**

由希家在诺拉家附近。
由希经常去诺拉家。
两个人在诺拉家一起做作业。
诺拉很会做菜。
所以经常做菜。

诺拉：由希，今天做什么菜呢？
由希：我今天想吃韩国菜。
诺拉：那我做拌饭怎么样？
由希：嗯，我也想一起做做看。

- **听一听**

1.
(1) 불고기를 만듭니다.
做烤肉。
(2) 머리가 깁니다.
头发长。
(3) 아이가 놉니다.
孩子在玩耍。
(4) 집이 멉니다.
家很远。

2.
(1) 무슨 음식을 먹고 싶습니까?
想吃什么菜？
(2) 무슨 과일을 좋아합니까?
喜欢什么水果？
(3) 무슨 음악을 듣습니까?
听什么音乐？
(4) 무슨 운동을 자주 합니까?
经常做什么运动？

3~4.
가: 수현 씨는 무슨 음식을 좋아합니까?
甲: 秀贤，你喜欢什么菜？
나: 저는 중국 음식을 좋아합니다. 자장면을 좋아합니다. 자장면이 아주 맛있습니다.
乙: 我喜欢中国菜。喜欢炸酱面，炸酱面非常好吃。
가: 집에서 중국 음식을 만듭니까?
甲: 在家做中国菜吗？
나: 네, 자주 만듭니다. 자장면도 만들고 탕수육도 만듭니다.
乙: 嗯，经常做。做炸酱面，也做糖醋肉。

5~6.
가: 윤아 씨, 무슨 커피를 좋아합니까?
甲: 允儿，你喜欢什么咖啡？
나(윤아): 저는 커피를 좋아하지 않습니다.
乙(允儿): 我不喜欢咖啡。
가: 그럼, 무엇을 자주 마십니까?
甲: 那么你经常喝什么？
나(윤아): 저는 차를 자주 마십니다. 유자차를 좋아합니다.
乙(允儿): 我经常喝茶，我喜欢柚子茶。
가: 유자차는 맛이 어떻습니까?
甲: 柚子茶味道怎么样？
나(윤아): 조금 시고 답니다.
乙(允儿): 又酸又甜。

<2> 点菜

学习目标：能理解点菜的状况。

词汇

주문 点(菜)
라면 泡面
김밥 紫菜包饭
콜라 可乐
그릇 碗
거기 那里，那儿
비싸다 贵
판 盘
한식집 韩餐馆
갈비 排骨
잔 杯
개 个
줄 条
병 瓶
층 层
값 价格
피자 披萨饼
심심하다 无聊
갈비탕 排骨汤
우동 乌冬面

- **读一读**

我们公司前面有百货商店。
那个百货商店10楼餐厅很多。
我偶尔和简一起去那儿。
菜好吃又不贵。
我今天想吃披萨饼。

简：吃什么呢？
宇振：这里的烤肉披萨饼好吃。
简：那就吃烤肉披萨饼配可乐吧。
宇振：服务员！给我们一盘烤肉披萨饼和两杯可乐。

- **听一听**

1.
(1) 집에 갑시다.
回家吧。
(2) 영화를 봅시다.
看电影吧。
(3) 우산을 삽시다.
买雨伞吧。
(4) 점심을 먹읍시다.
吃午饭吧。

2.

(1) 산책을 하고 싶습니다.
(我)想散步。

(2) 배가 고픕니다.
肚子饿了。

(3) 숙제가 어렵습니다.
作业(很)难。

(4) 심심합니다.
无聊。

3~4.

가: 흐엉 씨, 뭘 먹고 싶습니까?
甲: 香, 你想吃什么?

나(흐엉): 저는 갈비탕을 먹고 싶습니다.
乙(香): 我想吃排骨汤。

가: 저는 비빔밥을 먹고 싶습니다.
甲: 我想吃拌饭。

나(흐엉): 그럼 갈비탕하고 비빔밥을 먹을까요?
乙(香): 那就吃排骨汤和拌饭吧?

5~6.

가: 이 식당은 무슨 음식이 맛있습니까?
甲: 这个食堂什么菜好吃?

나: 갈비가 맛있습니다. 갈비를 먹을까요?
乙: 排骨好吃, 吃排骨吧?

가: 네, 저는 냉면도 먹고 싶습니다.
甲: 嗯, 我还想吃冷面。

나: 그럼 갈비하고 냉면을 먹읍시다.
乙: 那就吃排骨和冷面吧。

가: 여기요, 갈비 이 인분하고 냉면 하나 주십시오.
甲: 服务员, 给我们两人份的排骨和一碗冷面。

나: 갈비가 아주 맛있습니다.
乙: 排骨真好吃。

第八课

<1> 10月

学习目标: 能理解与日期和星期相关的内容。

词汇

삼월 三月
팔월 八月
생일 生日
월 月
월요일 星期一
이날 这天
시험 考试
부산 釜山
서울 首尔
화요일 星期二
목요일 星期四
요일 星期
잡채 身绵炒菜
유월 六月
금요일 星期五
시월 十月
일[1] 日
개천절 开天节
한글날 韩文节
반[2] 班
생선회 生鱼片
빨리 快
수요일 星期三
며칠 几日
일[2] 事, 事情
토요일 星期六

- **读一读**

今天是10月1日星期一。
10月3日是开天节, 不去学校。
10月9日也没有课, 那天是韩文日。
11日和12日有考试。
13日和同学们一起去釜山。
想看大海, 还想吃生鱼片。
16日家乡朋友来首尔。
我想快点见到我朋友。

- **听一听**

1.

(1) 월요일에 아르바이트를 해요.
星期一打工。

(2) 화요일에 한국 요리를 배워요.
星期二学韩国菜。

(3) 수요일에 한국 영화를 봐요.
星期三看电影。

(4) 목요일 오후에 운동해요.
星期四下午做运动。

2.

(1) 가: 언제 제주도에 가요?
甲: 什么时候去济州岛?
나: 6월 17일에 가요.
乙: 6月17日去。

(2) 가: 오늘이 며칠이에요?
甲: 今天是几日?
나: 11월 11일이에요.
乙: 11月11日。

(3) 가: 오늘이 무슨 요일이에요?
甲: 今天是星期几?
나: 수요일이에요.
乙: 星期三。

(4) 가: 월요일에 시험이 있어요?
甲: 星期一有考试吗?
나: 아니요, 화요일에 시험이 있어요.
乙: 不, 星期二有考试。

3~4.

가: 에릭 씨, 금요일 오후에 바빠요?
甲: 埃里克, 星期五下午忙吗?

나(에릭): 아니요, 한가해요. 무슨 일이 있어요?
乙(埃里克): 不, 很闲。有什么事吗?

가: 리타오 씨 생일이에요. 같이 불고기를 만들까요?
甲: (那天)是李涛的生日, 一起做烤肉怎么样?

나(에릭): 네, 좋아요. 잡채도 만듭시다.
乙(埃里克): 嗯, 好。也做个什锦炒菜吧。

5~6.

가: 유키 씨, 언제 시험을 봐요?
甲: 由希, 什么时候考试?

나(유키): 9월 3일에 봐요.
乙(由希): 9月3日考。

가: 9월 3일이 무슨 요일이에요?
甲: 9月3日是星期几?

나(유키): 월요일이에요.
乙(由希): 星期一。

가: 그럼 토요일에 같이 도서관에서 공부할까요?
甲: 那我们周六一起去图书馆学习怎么样?

나(유키): 좋아요. 몇 시에 만날까요?
乙(由希): 好啊, 几点见呢?

가: 9시에 만나요.
甲: 9点见吧。

<2> 一天的生活

学习目标: 能理解一天里所发生的事情的相关内容。

词汇

하루 一天	자다 睡(觉)
이를 닦다 刷牙	세수하다 洗脸
일어나다 起床	샤워하다 洗澡
아침 早饭, 早上	회의 会议
손님 客人	끝나다 结束
창문 窗户	걷다 走
묻다 问	보통 一般
대사관 大使馆	좀[1] 有点, 一点

• **读一读**

我每天6点起床。
先运动后洗澡。
吃完早饭后, 9点之前到公司。
在公司喝杯咖啡后开始工作。
12点吃完午饭后开会。
下午接待很多客人。
5点30分工作结束后吃晚饭。
6点30分开始上韩语课。
学习韩语很有意思。

• **听一听**

1.

(1) 노라 씨가 창문을 닫아요.
诺拉在关窗。

(2) 노라 씨가 음악을 들어요.
诺拉在听音乐。

(3) 노라 씨가 이름을 물어요.
诺拉问名字。

(4) 노라 씨가 공원에서 걸어요.
诺拉在公园里走路。

2.

(1) 가: 아침에 무엇을 해요?
甲: 早上做什么?
나: 아침을 먹고 운동을 해요.
乙: 吃完早饭后做运动。

(2) 가: 점심을 먹고 무엇을 해요?
甲: 吃完午饭后做什么?
나: 아르바이트를 하고 복습을 해요.
乙: 打工和复习功课。

(3) 가: 오후에 무엇을 해요?
甲: 下午做什么?
나: 커피를 마시고 음악을 들어요.
乙: 喝咖啡和听音乐。

(4) 가: 무엇을 하고 자요?
甲: 做完什么后睡觉?
나: 책을 읽고 자요.
乙: 看完书后睡。

3~4.

에릭: 올리비아 씨, 수업이 끝나고 무엇을 해요?
埃里克: 奥莉维亚, (你)下课后做什么?

올리비아: 친구들과 같이 점심을 먹어요.
奥莉维亚: 和朋友们一起吃午饭。

에릭: 점심을 먹고 무엇을 해요?
埃里克: 吃完午饭后做什么?

올리비아: 점심을 먹고 대사관에 가요.
奥莉维亚: 吃完午饭后去大使馆。

5~6.

주앙: 윤아 씨, 오후에 보통 뭘 해요?
胡安: 允儿, (你)下午一般做什么?

윤아: 아르바이트를 해요.
允儿: 打工。

주앙: 오늘도 아르바이트를 해요?
胡安: 今天也打工吗?

윤아: 아니요, 오늘은 하지 않아요.
允儿: 不, 今天不打工。

주앙: 그럼 오늘 같이 영화를 보고 저녁을 먹을까요?
胡安: 那今天和我一起看电影, 然后吃晚饭吧?

윤아: 좋아요. 저녁을 먹고 공원에서 좀 걸어요.
允儿: 好, 吃完晚饭后再去公园走走吧。

第七课 - 第八课　复习

第七课 - 第八课 词汇

식사 吃饭	내일 明天
살다 住	

I.

흐엉: 리타오 씨, 오늘 오후에 아르바이트를 해요?
香: 李涛, (你)今天下午打工吗?

리타오: 아니요. 오늘은 아르바이트를 하지 않아요.
李涛: 不, 今天不打工。

흐엉: 그래요? 그럼 수업이 끝나고 반 친구들과 같이 점심을 먹을까요?
香: 是吗? 那下课后和班里的朋友们一起吃午饭吧?

리타오: 네, 좋아요. 어디에 갈까요?
李涛: 嗯, 好。去哪儿吃?

흐엉: 저는 강남식당에 가고 싶어요.
香: 我想去江南餐厅。

리타오: 그럼, 강남식당에 갑시다.
李涛: 那就去江南餐厅吧。(餐厅里吵闹的声音)

흐엉: 삼겹살을 먹을까요?
香: 吃烤五花肉吧?

리타오: 네, 삼겹살 오인분하고 냉면 세 그릇을 주문합시다. 여기요~!
李涛: 好, 那点五人份的烤五花肉和三碗冷面吧。服务员, 这里!

II.

10月21日 星期三
我住在学校附近。
每天8点起床。
九点之前到学校。
上课上到1点为止, 然后一个人吃午饭。
吃完午饭后去打工。
我星期三不打工。
所以今天和班里的同学们一起吃午饭。

韩国的文化 : 餐桌的摆放

韩国的餐桌主要以米饭、清汤、炖汤、小菜的形式构成。米饭和清汤各自盛着吃, 而浓汤和小菜是大家一起分着吃。如果出去餐厅吃饭, 一般点完菜都会免费给3~4个小菜, 根据当地的文化差异也有免费给10个以上小菜的地方。另外小菜吃完了还可以免费再续。

第九课

<1> 周末

学习目标: 能理解周末活动的相关内容。

词汇

주말 周末
태권도 跆拳道
스키를 타다 滑雪
농구 篮球
테니스를 치다 打网球
싸다 便宜
제일 最
그곳 那里
서핑 冲浪
요즘 最近
스키장 滑雪场
맥주 啤酒
야구 棒球
탁구를 치다 打乒乓球
축구 足球
괜찮다 不错, 没关系
테니스장 网球场
그래서 所以
수영장 游泳场
여름 夏天
겨울 冬天
인기가 많다 人气高
야구장 棒球场
구경하다 观看, 观赏

- **听一听**

1.

(1) 산책하러 공원에 가요.
去公园散步。

(2) 친구를 만나러 공원에 가요.
去公园见朋友。

(3) 축구를 하러 운동장에 가요.
去运动场踢足球。

(4) 농구를 하러 운동장에 가요.
去运动场打篮球。

2.

(1) 힘들지만 재미있어요.
很累, 但是很有意思。

(2) 조금 덥지만 괜찮아요.
有点热, 但是没关系。

(3) 좀 달지만 맛있어요.
有点甜, 但是很好吃。

(4) 학생이 많지만 조용해요.
学生很多, 但是很安静。

3~4.

가: 에릭 씨, 어디에 가요?
甲: 埃里克, (你)去哪儿?

나(에릭): 테니스를 치러 테니스장에 가요.
乙(埃里克): 去网球场打网球。

가: 그 테니스장이 어때요?
甲: 那个网球场怎么样?

나(에릭): 조금 비싸지만 좋아요
乙(埃里克): 有点贵, 但是很好。

5~6.

노라: 타오 씨, 주말에 보통 뭘 해요?
诺拉: 涛, (你)周末一般做什么?

타오: 저는 운동을 좋아해요. 친구와 같이 운동을 해요.
李涛: 我喜欢运动, 和朋友一起做运动。

노라: 타오 씨는 무슨 운동을 제일 좋아해요?
诺拉: 涛(你)最喜欢什么运动?

타오: 저는 농구를 좋아해요. 그래서 농구를 하러 공원에 자주 가요. 노라 씨는 주말에 무엇을 해요?
李涛: 我喜欢篮球, 所以经常去公园打篮球。诺拉(你)周末做什么?

노라: 저는 주말에 수영장에 가요.
수영장이 조금 작지만 깨끗해요.
诺拉: 我周末去游泳场。游泳场有点小, 但是很干净。

- **读一读**

我喜欢运动。
所以周末一般都做运动。
和朋友们一起在运动场踢足球和打篮球。
夏天的时候去大海玩冲浪。
冲浪最近人气很高。
冬天经常去滑雪场滑雪。
滑雪场虽然很远, 但是风景很美丽。
这周末我和朋友们一起去棒球场。
我想和朋友们一起看棒球, 再喝个啤酒。

<2> 周末计划

学习目标: 能理解周末计划的相关内容。

词汇

계획 计划
쇼핑하다 购物
데이트하다 约会
여행하다 旅行
빨래하다 洗衣服
다시 再

홍대 弘大
다음 下, 下次
춘천 春川
남산한옥마을 南山韩屋村
인천 仁川

• 读一读

约翰：你这周末做什么？
天空：我星期六去弘大附近见朋友们。
约翰：和朋友们做什么？
天空：一起吃午饭，然后去歌厅。约翰你星期六做什么？
约翰：我上午打工，下午和女朋友一起去南山韩屋村。
天空：南山韩屋村非常美丽，我还想再去。
约翰：下次我们和班里的同学们一起去吧！

• 听一听

1.
(1) 쓰기 시험이 어려워요.
写作考试很难。
(2) 제 고향은 경치가 아름다워요.
我的家乡景色优美。
(3) 옆집이 좀 시끄러워요.
邻居有点吵。
(4) 날씨가 아주 더워요
天气非常热。

2.
(1) 무슨 음식을 만들 거예요?
准备做什么菜？
(2) 고향에서 뭘 할 거예요?
准备在家乡做什么？
(3) 몇 시까지 공부할 거예요?
准备学习到几点？
(4) 수업이 끝나고 어디에 갈 거예요?
下课后准备去哪儿？

3~4.
가: 흐엉 씨, 주말에 뭘 할 거예요?
甲：香，周末准备做什么？
나(흐엉): 주말에 커피숍에서 공부할 거예요.
乙(香)：周末去咖啡厅学习。
가: 커피숍은 좀 시끄럽지 않아요?
甲：咖啡厅不吵吗？
나(흐엉): 우리 집 근처 커피숍은 시끄럽지 않아요.
乙(香)：我们家附近的咖啡厅不吵。

5~6.
가: 윤아 씨, 주말에 어디에 갈 거예요?
甲：允儿，(你)周末准备去哪儿？
나(윤아): 저는 인천에 갈 거예요.
乙(允儿)：我准备去仁川。
가: 그래요? 인천은 어때요?
甲：是吗？仁川怎么样？
나(윤아): 아주 아름다워요. 인천에는 바다도 있어요.
乙(允儿)：很美丽。仁川还有大海。
가: 바다에도 갈 거예요?
甲：大海也去吗？
나(윤아): 네, 바다에서 수영도 할 거예요.
乙(允儿)：嗯，还准备去大海里游泳。

第十课

<1> 日记

学习目标：能理解过去所做的事。

词汇

지난 上一个, 过去的
모레 后天
늦게 晚点
시내 市内
가깝다 近
돈가스 炸猪排
피곤하다 累
바지 裤子
일기 日记
지난달 上个月
서울 首尔
명동 明洞
엔(N)서울타워 N首尔塔
인사동 仁寺洞
사진을 찍다 拍照

• 读一读

5月11日 星期六
今天有点起晚了。
下午我和朋友一起去逛了首尔市内。
我们先去了明洞。
明洞商店很多很复杂。
逛完明洞我们去了N首尔塔。
N首尔塔离明洞很近。
我们在N首尔塔观看了首尔的风景，还拍了照。
接着我们去吃了炸猪排。
炸猪排又大又好吃。
我们虽然还想去仁寺洞，但是没有去。
今天虽然有点累，但是很有趣。

• 听一听

1.
(1) 운동을 했어요.
运动了。
(2) 시험이 어려웠어요.
考试很难。
(3) 바지를 입었어요.
穿裤子了。
(4) 음식이 매웠어요.
菜很辣。

2.
(1) 불고기가 어땠어요?
烤肉怎么样？
(2) 영화가 어땠어요?
电影怎么样？
(3) 시험이 어땠어요?
考试怎么样？
(4) 날씨가 어땠어요?
天气怎么样？

3~4.
가: 하늘 씨, 지난 주말에 뭘 했어요?
甲: 天空, (你)上周末做什么了?

나(하늘): 에릭 씨 집에서 같이 떡볶이를 만들었어요.
乙(天空): 去埃里克家里一起做了炒年糕。

가: 맛이 어땠어요?
甲: 味道怎么样?

나(하늘): 조금 매웠지만 맛있었어요. 에릭 씨가 좋아했어요.
乙(天空): 有点辣, 但是很好吃。埃里克很喜欢。

5~6.
가: 주앙 씨, 지난 방학에 뭘 했어요?
甲: 胡安, (你)上次放假做什么了?

나(주앙): 제주도에 갔어요.
乙(胡安): 去了济州岛。

가: 제주도에서 뭘 했어요?
甲: 在济州岛做了什么?

나(주앙): 수영도 하고 등산도 했어요. 생선회도 많이 먹었어요.
乙(胡安): 又游泳又登山, 还吃了很多生鱼片。

가: 제주도 여행이 어땠어요?
甲: 济州岛旅行如何?

나(주앙): 아주 재미있었어요. 사람들도 친절했어요.
乙(胡安): 非常有趣, 人们也很亲切。

<2> 李涛的一天

学习目标: 能理解过去没能成做的事。

词汇

영화표 电影票	기차표 火车票
호텔 酒店	예매하다 预订
예약하다 预约	빌리다 借
왜 为什么	여행 旅行
잘못 错	오래 好久, 很久
정말 真的, 真	힘들다 吃力, 累
너무 太	

- **听一听**

1.
(1) 값이 싸서 학생 식당에 가요.
价钱很便宜所以去学生食堂。

(2) 맛있어서 학생 식당에 가요.
菜很好吃所以去学生食堂。

(3) 가까워서 학생 식당에 가요.
很近所以去学生食堂。

(4) 배가 고파서 학생 식당에 가요.
很饿所以去学生食堂。

2.
(1) 가: 어제 친구를 만났어요?
甲: 昨天见朋友了吗?
나: 아니요, 바빠서 만나지 못했어요.
乙: 没有, 太忙了没见成。

(2) 가: 어제 영화를 봤어요?
甲: 昨天看电影了吗?
나: 아니요, 숙제가 많아서 영화를 보지 못했어요.
乙: 没有, 作业太多了, 没看成。

(3) 가: 점심 먹었어요?
甲: 吃午饭了吗?
나: 아니요, 배가 아파서 먹지 못했어요.
乙: 没有, 肚子疼所以没吃。

(4) 가: 도서관에서 책을 빌렸어요?
甲: 去图书馆借书了吗?
나: 아니요, 시간이 없어서 빌리지 못했어요.
乙: 没有, 没有时间所以没借成。

3~4.
흐엉: 에릭 씨, 지난 토요일에 영화를 보러 갔어요?
香: 埃里克, (你)上星期六去看电影了吗?

에릭: 아니요. 지난 토요일에 영화를 보지 못했어요.
埃里克: 没有, 上星期六电影没看成。

흐엉: 왜요? 무슨 일이 있었어요?
香: 为什么? 有什么事吗?

에릭: 일이 많아서 회사에 갔어요.
영화는 이번 금요일에 보러 갈 거예요.
埃里克: 事情太多所以去公司了。电影这星期五去看。

5~6.
노라: 에릭 씨, 주말에 부산에 갔어요?
诺拉: 埃里克, (你)周末去釜山了吗?

에릭: (한숨)아니요, 표를 잘못 사서 부산에 가지 못했어요.
埃里克: (叹气)没有, 买错票了所以没去成。

노라: 토요일 표를 예매하지 않았어요?
诺拉: 不是预订了星期六的票吗?

에릭: 제가 토요일 표를 사지 않고 금요일 표를 샀어요.
埃里克: 我没买星期六的票, 买成了星期五的票。

노라: 그럼 주말에 뭘 했어요?
诺拉: 那周末做什么了?

에릭: 친구하고 남대문 시장을 구경했어요.
埃里克: 和朋友去逛了南大门市场。

- **读一读**

我今天早上起晚了。
所以没能吃成早饭。
下课后和班里的朋友去了食堂。
人很多, 所以等了很久。
我吃完饭去打工了。
今天客人很多, 所以非常忙。
太忙了, 所以连洗手间都没去成。
8点回到家。
太累了, 所以连饭都不想吃了。
今天真的太累了。

第九课 - 第十课　复习

第九课 - 第十课　词汇

콘서트 표 演唱会票	코엑스 COEX
먼저 先	

I.

诺拉的日记

7月6日 星期四

香和我喜欢韩国音乐。
我们下周末要去看韩国歌手的演唱会。
我上周末也去了韩国歌手的演唱会。
但是因为没预订, 所以没能看成演唱会。
所以我们今天预订了演唱会的票。
演唱会下星期六晚上7点在COEX举行。
COEX虽然周末人很多, 但是很有意思。
周围还有汉江公园。
我们下星期六12点在COEX见面。
先观赏一下COEX和汉江公园再去看演唱会。

II.

흐엉: 노라 씨, 다음 주말에 '소년시대'의 콘서트가 있어요. 우리 같이 보러 갈까요?

香: 诺拉, 下周末有少年时代的演唱会。我们一起去看吧?

노라: 좋아요. 흐엉 씨. 저는 지난 주말에 예매를 안 해서 콘서트를 보지 못했어요.

诺拉: 好的, 香。我上周末没有提前预订票所以没看成演唱会。

흐엉: 그럼 먼저 예매를 하고 갑시다.
음... 콘서트는 강남에서 하고 시간은 다음 주 토요일 오후 7시예요.

香: 那就先预订了票再去吧。演唱会是在江南开, 时间是下星期六下午七点。

노라: 저는 괜찮아요. 흐엉 씨도 괜찮아요?

诺拉: 我没问题, 香(你)也没问题吗?

가: 저도 좋아요. 자, 예매를... 했습니다!

香: 我也可以。票预订好了!

韩国的文化 : 登山

韩国有很多山, 其中以雪岳山、汉拿山、智异山最为有名。在首尔也有很多山, 如北汉山、道峰山、南山、冠岳山等。所以一到周末, 你都可以看到很多登山爱好者在附近的山上登山的场景。登山可以说是最受韩国人喜爱的兴趣爱好, 特别是天气好的春天或秋天去登山的人更多。